Klaus Oehler

Die Kathegorien des Aristoteles

Klaus Oehler

Die Kathegorien des Aristoteles

ISBN/EAN: 9783743319196

Hergestellt in Europa, USA, Kanada, Australien, Japan

Cover: Foto ©Thomas Meinert / pixelio.de

Klaus Oehler

Die Kathegorien des Aristoteles

Die
Kathegorien des Aristoteles.

Mit Anmerkungen erläutert.

und als

Propädeutik

zu einer

neuen Theorie des Denkens

dargestellt

von

Salomon Maimon.

Suum cuique.

Zweite unveränderte Auflage.

Berlin, 1798.
Bei Ernst Felisch.

Einleitung.

Das Buch der Kathegorien des Aristoteles ist unstreitig, bei seinem kleinen Umfang, eines der vorzüglichsten logischen Werke dieses großen Philosophen. Hier zeigt sich sein durchdringender allumfassender Geist auf eine bewundernswürdige Art. Die ersten Gründe der menschlichen Erkenntniß aufzusuchen, die unendliche Menge und Mannigfaltigkeit der menschlichen Gedanken und ihre Verhältnisse auf eine geringe Anzahl von Hauptbegriffen zu reduziren, und dadurch einen Uebergang von der bloß formellen zur reellen Erkenntniß zu verschaffen, ist eine Arbeit, welche nur ein Aristoteles unternehmen, und ein Kant vervollkommnen könnte. Der Unterschied

zwischen den von beiden gewählten Metho=
den in Aufsuchung der Kathegorien ist
gar nicht so beträchtlich und der Vorzug der
systematischen Ordnung des Letztern vor
dem rhapsodistischen Vortrag des Erstern
gar nicht so entschieden als man gemeiniglich
vorgiebt.

Es ist wahr, daß Aristoteles nicht, so
wie Kant, den Ursprung der Kathego=
rien nach einem Prinzip aus den in der Na=
tur des Denkens überhaupt gegründeten
logischen Formen herleitet, sondern sie erst
durch Abstrakzion herauszubringen sucht.
Aber hat Aristoteles hierinn so ganz Un=
recht? Ich kann es nicht glauben. Wenn
man hierüber reiflich nachdenken will, so
wird man finden, daß weit entfernt die lo=
gischen Formen den Kathegorien zum
Grunde zu legen, man vielmehr diese jenen
zum Grunde legen müsse. Um dieses zu be=
weisen, lege ich den Philosophen die ganz
simple Frage vor, was sie z. B. unter der
logischen Bejahung und der logischen
Verneinung (die allen Urtheilen zum
Grunde liegt) verstehen? Müssen sie nicht,

wenn

wenn sie sich darüber deutlich erklären wollen, unter Bejahung eine Verbindung von Subjekt und Prädikat, und unter Verneinung eine Aufhebung dieser Verbindung denken? Was ist aber Verbindung und Trennung (wenn es nicht bloße Worte ohne alle Bedeutung seyn sollen) anders als reelle Setzung eines Gedankens und reelle Aufhebung desselben?

Also logische Bejahung ist ein gedachtes Verhältniß zwischen Subjekt und Prädikat wodurch ein reeller (einem Objekte entsprechender) Gedanke (den man aber in der Logik unbestimmt läßt) hervorgebracht wird, und logische Verneinung ein solches Verhältniß, wodurch die Hervorbringung eines reellen Gedankens unmöglich wird. Folglich setzt die logische Bejahung und Verneinung die absolute (metaphysische) voraus. Und eben so verhält es sich mit allen übrigen logischen Formen; wie ich dieses alles in meiner neuen Theorie des Denkens weitläuftig ausführen will.

Daher hat auch Aristoteles ganz Recht, wenn er (wie es aus der uns bekannten Ordnung

nung

nung seiner Schriften zu erhellen scheint) das
Buch der Kathegorien den andern logi=
schen Schriften vorhergehen läßt.

Was die Vollzähligkeit der Kathe=
gorien betrifft, so kann diese so gut nach
der Aristotelischen als nach der Kanti=
schen Methode bewerkstelligt werden. Man
braucht hier keine Induktzion, so daß man
erst alle Gegenstände des Denkens nach und
nach aufsuchen, sie unter einander verglei=
chen, und also die, allen zum Grund liegen=
den, Begriffe festsetzen müßte, sondern die
bloße Reflexion über die ersten besten Ge=
genstände des Denkens, die sich uns darbie=
ten, ist schon dazu hinreichend.

Sollte Aristoteles (wie Hr. Kant be=
hauptet) dennoch hierinn einen Fehler began=
gen haben, so muß der Grund davon nicht
in seiner Methode die Kathegorien auf=
zusuchen, sondern in einer Remission des
Scharfsinns (welches einem jeden Sterbli=
chen begegnen kann) gesucht werden. Kant
konnte freilich, da er die Logik sammt ihren
Formen vorgefunden hat, die Vollzählig=
keit der Kathegorien durch diese Formen be=
weisen.

weiſen. Ariſtoteles hingegen, der Schö-
pfer der Logik, mußte erſt die Vollzähligkeit
dieſer Formen ſelbſt durch Reflexion darthun.

Ich habe dieſes Buch aus der lateiniſchen Ueberſetzung, die der Hr. Prof. Buhle
in der von ihm beſorgten Ausgabe dem Texte
beigefügt hat, ins Deutſche übertragen, und
mit Anmerkungen erläutert, welches ich als
eine Vorübung zu meiner neuen Theorie
des Denkens anzuſehen bitte.

Meine neue Theorie des Denkens un-
terſcheidet ſich von einer jeden andern ſeit
Ariſtoteles bis auf Kant aufgeſtellten
Theorie des Denkens, hauptſächlich darinn:

1) Wird in einer jeden Theorie des
Denkens die Logik als eine für ſich beſtehende vollſtändige Wiſſenſchaft behandelt,
worinn bloß der Begriff des Denkens eines, ſowohl durch empyriſche als durch
transzendentale Merkmale unbeſtimmten
Objekts überhaupt zum Grunde gelegt wird,
und alſo die Begriffe und Sätze der Logik
in der geſammten reinen und angewandten
Philoſophie (weil alles was von einem un-

be-

beſtimmten Objekt überhaupt gilt, auch von
einem jeden beſtimmten Objekt gelten muß)
vorausgeſetzt werden. Ich finde aber daß die
Logik von der empyriſchen, nicht aber von
der transzendentalen Philoſophie getrennt
und als eine für ſich beſtehende Wiſſen=
ſchaft behandelt werden kann. Das logi=
ſche Objekt kann und muß allerdings un=
beſtimmt bleiben, die logiſchen Formen
hingegen müſſen beſtimmt gedacht werden,
weil ſie ſonſt gar keine Bedeutung haben.
Nun aber können die Formen nicht anders
als durch transzendentale Merkmale be=
ſtimmt werden. Die Logik wird daher in
dieſer neuen Theorie des Denkens zwar
abſtrahirt von der Transzendentalphilo=
ſophie gedacht, aber dennoch in Verbin=
dung mit derſelben dargeſtellt.

Eben ſo läßt die allgemeine Größen=
lehre den Begriff ihres Objekts (einer
Größe überhaupt) unbeſtimmt, die Formen
(die Arten der Verbindungen der Größen)
aber werden darinn beſtimmt gedacht. In
der Formel z. B. a + b — c ſind a, b, c
unbeſtimmt, ſie können alle mögliche Grö=
ßen

ßen vorstellen; die Zeichen + und — hingegen haben eine bestimmte Bedeutung.

Der Begriff von einem logischen Objekt überhaupt ist der Begriff von einem Objekt des Denkens überhaupt, d. h. eines durch den Verstand verbundenen Mannigfaltigen. Die Logik legt zwar diesen Begriff zum Grund, als Wissenschaft aber muß sie alle mögliche Arten der Verbindung aufstellen und ihr Verhältniß zu einander bestimmen. a ist nicht b, ist so gut eine Verbindung als a ist b, und dieses so gut als a ist a, alle gehören zu dem Geschlechtsbegriff von Verbindung überhaupt, nur daß jeder derselben auf eine besondere Art bestimmt wird. Subjekt und Prädikat können unbestimmt bleiben. Die Kopula hingegen kann nicht anders als bestimmt gedacht werden; und selbst Subjekt und Prädikat können nur in Rücksicht auf empyrische Merkmale, nicht aber in Rücksicht auf transzendentale Merkmale unbestimmt bleiben, weil sie sonst gar keine Bedeutung haben würden.

s) Ich

2) Ich verwerfe das bloße diskursive Denken, als eine leere Fikzion, die keinen reellen Grund hat, gänzlich, schränke meine Theorie des Denkens bloß auf das reelle Denken ein und ziehe das Denken der Objekte der Erfahrung in Zweifel. Meine Logik wird also mehr (als die Formen, und den ihnen zum Grunde liegenden transzendentalen Begriffen) in sich aber weniger unter sich begreifen.

3) Ich suche ein allgemeines Kriterium des reellen Denkens in dem von mir genannten Grundsatz der Bestimmbarkeit auf; aus diesem Grundsatz leite ich die logischen Formen her und bringe sie in systematische Verbindung mit einander. Aus diesem System ergiebt es sich, daß die sonst in der Logik vorkommenden Formen des Denkens nicht ursprüngliche, sondern bloß aus diesem Grundsatz abgeleitete, und daß einige für einfach gehaltene, in der That komponirte Formen sind. Ich müßte also eine neue Aufzählung und Ordnung mit denselben vornehmen. Die übrigen Abweichungen meiner Logik von den gewöhnlichen

lichen werden sich aus dem Werke selbst er=
geben.

Uebrigens erkenne ich so wenig, bloße
Gelehrte als Philosophen von Profeß=
ſion für tüchtige Beurtheiler meiner
Schrift. Jene werden die Darstellung des
Ariſtoteles ſchon zum voraus tadeln, da
ich ſie nicht nach dem griechiſchen Text, ſon=
dern nach der lateiniſchen Ueberſetzung des
Hrn. Pr. Buhle gemacht, und die unge=
heure Anzahl der Ausgaben und Commenta=
toren des Ariſtoteles nicht durchgeſtöbert
und mit einander verglichen habe. Immer=
hin mag das von mir ins Deutſche gebrachte
Buch für keine Ueberſetzung, ſondern für
eine Darſtellung der Kathegorien nach
Ariſtoteles gelten. Auch werden ſie be=
haupten, daß ich in meinen Erklärungen
nicht ſelten meine eigene Gedanken dem Ari=
ſtoteles untergelegt habe. Was mich aber
anbetrifft, ſo mag ich, in zweifelhaften
Fällen, lieber meine Gedanken, als gar
keine dem Ariſtoteles unterlegen. —

Philoſophen von Profeſſion wer=
den, als in ihrer einmal angenommenen
Den=

Denkungsart verhärtete Sünder, meine Denkungsart nicht begreifen können oder wollen, und daher dieselbe verwerfen. Da ich die dogmatische Metaphysik gänzlich verwerfe, selbst die kritische Philosophie ziemlich beschneide, und ihr bloß einen negativen Gebrauch zugestehe, den Erfahrungsgebrauch ihrer Kathegorien aber bezweifele, und ihre sogenannten Vernunftideen für Produkte der Einbildungskraft erkläre, so sind so wenig die Anhänger der einen als der andern kompetente Richter meiner Schriften.

Nur dem Urtheile der Selbstdenker aus beider, oder keiner von beiden Partheien werde ich mich mit Vergnügen unterwerfen, und mir ihre Zurechtweisung zu Nutze machen.

———————

Cap. I.

Cap. I.

Homonyma, Synonyma, Paronyma.

Homonyma (aequivoca) ſind Dinge, die bloß einen gemeinſchaftlichen Namen haben, der aber in einem jeden derſelben, auf verſchiedene Art erklärt, ein verſchiedenes Weſen bedeutet. Das Wort Thier z. B. kann ſowohl einen Menſchen (als ein wirkliches lebendiges Weſen), wie auch ein gemahltes (Thier) bedeuten. Dieſe haben nur den Namen gemeinſchaftlich. Die Erklärung deſſelben (das dadurch bezeichnete Weſen) aber iſt in einem jeden verſchieden.

Das Kriterium eines Aequivocums iſt, daß es Dinge bezeichnet, die nichts mit einander gemein haben, ſo daß ſie ſich im Objecte einander aufheben. Thier bedeutet ein lebendiges Weſen. In dem Ausdruck ein gemahltes Thier alſo widerſpricht das Adjectivum gemahltes, welches die beſondere

A   Be:

Beſtimmung bedeutet, dem Subſtantivum Thier, welches das Beſtimmbare bedeutet. Der Ausdruck: ein gemahltes Thier, hat alſo, wenn man nicht darunter eine beſondere Art Thier (z. B. Menſch) verſteht, gar keine Bedeutung, weil er ſich ſelbſt widerſpricht. Soll er eine Bedeutung haben, ſo muß darunter eine beſondere Art gemahltes Thier, z. B. ein gemahlter Menſch, verſtanden werden; und alsdann bedeutet der Ausdruck: ein gemahltes Thier, die dem Weſen des Thieres zufällige äuſſere menſchliche Figur auf einer Fläche vorgeſtellt. Das Subſtantivum bedeutet alſo hier in der That nicht den Begriff von Thier überhaupt, ſondern die beſondere zufällige Beſtimmung deſſelben. Ein wirklicher Menſch als Thier, und ein gemahlter Menſch als gemahltes Thier, haben alſo, ungeachtet die äuſſere menſchliche Figur beiden gemein iſt, welches der Grund der gemeinſchaftlichen Benennung iſt, dennoch ganz verſchiedene Weſen; indem in jenem dieſe äuſſere menſchliche Figur mit einem organiſirten, belebten menſchlichen Körper, in dieſem hingegen dieſelbe mit einer bloßen Fläche verknüpft, das Weſen ausmacht. Der Name Thier oder Menſch iſt alſo in Anſehung beider ein Aequivocum, d. h. eine gleiche Benennung verſchiedener Weſen.

2. Synonyma (univoca) ſind Dinge, die einen gemeinſchaftlichen Namen haben, der in einem jeden eben daſſelbe Weſen bedeutet. Z. B. Thier kann ſowohl einen Menſchen als einen

einen Ochsen bedeuten. Ein jeder derselben
wird, in so fern er Thier ist, auf eben dieselbe
Art erklärt.

3. Paronyma (denominativa) sind Dinge, die auf eine zufällige Art eben dieselbe Benennung, bloß mit einem Unterschied in der
Endigung, erhalten haben. Wie z. E. der
Name Grammaticus von Grammatica, fortis von fortitudo u. d. gl. abgeleitet wird.

Die Aequivoca sowohl als die Univoca, setzen
keine Priorität unter den Dingen, worauf
sie sich beziehen, und folglich keine Ableitung
voraus. Das Wesen und folglich auch die
Benennung des Thiers, kommt dem Ochsen
und dem Menschen auf gleiche Art zu, keiner
von beiden hat hierin vor dem andern eine
Priorität.

So kommt auch das Wesen sowohl als die
Benennung Mensch (wenn man darunter
bloß die äussere menschliche Figur versteht,
wie man in Ansehung des gemahlten Menschen in der That verstehen muß,) dem wirklichen und dem gemahlten Menschen auf gleiche Art zu. Es bedeutet das beiden Gemeinschaftliche, mit Weglassung der einem jeden
eigenen Bestimmung. Der wirkliche Mensch
hat hierin keine Priorität vor dem gemahlten, indem die äussere menschliche Figur
sowohl mit der besondern Bestimmung des
einen als des andern ein besonderes Wesen
Das Wesen und die Benennung
eines gemahlten Menschen, braucht so wenig

nig von dem Wesen und der Benennung eines wirklichen Menschen, als das Wesen
und die Benennung eines Hypogriphen
von einem wirklichen Hypogriphen abgeleitet zu werden. Dahingegen die Grammatik eine Priorität vor dem Grammatiker hat. Die Grammatik ist nicht bloß darum möglich, weil ein Grammatiker der sie
inne hat, existirt, sondern umgekehrt, wenn
die Grammatik an sich möglich ist, kann es
auch einen Grammatiker geben. Sie sind
also keine verschiedene Arten eines Geschlechts, sondern der Grammatiker hat
sein Wesen sowohl als seine Benennung der
zufälligen Erlangung der Grammatik zu
verdanken. Diese Ableitung wird durch eine
Abänderung in der Endigung angedeutet.

Cap. II.

Von den Arten des Ausdrucks.

Die Worte werden entweder in Verbindung oder außer Verbindung mit einander
gebraucht. In Verbindung, wenn man
z. B. sagt: der Mensch läuft, der Mensch
singt, u. d. gl. Außer Verbindung sind die
einzelnen Ausdrücke: Mensch, Ochs, läuft,
singt u. d. gl.

2. Ei-

2. Einige, durch die Sprache bezeichneten Dinge, werden von einem Subjekt ausgesagt, sind aber nicht in einem Subjekte. Mensch z. B. wird von einem besondern Menschen, als einem Subjekt, ausgesagt, ist aber nicht in einem Subjekt. Andere hingegen sind in einem Subjekt, werden aber nicht von einem Subjekt ausgesagt, (in einem Subjekt ist dasjenige, welches nicht wie ein Bestandtheil in einem andern ist, aber dennoch von demselben nicht getrennt werden kann,) z. B. eine besondere Grammatik ist in der Seele, als in einem Subjekt, wird aber nicht von einem Subjekt ausgesagt. Dieses Weiße ist in einem Körper, als in einem Subjekt, (denn eine jede Farbe ist in einem Körper,) kann aber nicht von einem Subjekt ausgesagt werden. Wiederum andere können von einem Subjekt ausgesagt werden, und sind auch in einem Subjekt. Wissenschaft z. B. ist in der Seele, als in einem Subjekt, und kann auch von einem Subjekt, der Grammatik z. B. ausgesagt werden. Andere endlich, sind nicht in einem Subjekt, und können auch nicht von einem Subjekt ausgesagt werden; z. B. dieser oder jener Mensch, dieses oder jenes Pferd. Es kann aber auch Individua geben, die zwar als solche von keinem Subjekt ausgesagt werden, dennoch aber

in

in einem Subjekt sind; z. B. diese Grammatik ist in der Seele, als in einem Subjekt, kann aber von keinem Subjekt ausgesagt werden.

Die allgemeinen Begriffe der Arten und Geschlechter können von einem Subjekte prädizirt werden, d. h. das Besondere wovon sie abstrahirt worden sind, kann ihnen wieder subsumirt werden. Sie sind aber in keinem Subjekt, weil das Daseyn nur in dem gegebenen Individuellen eines Dinges besteht. Daher kann nur ein individuelles Ding (worin dieses individuelle Merkmal enthalten ist) daseyn, nicht aber diese allgemeine Begriffe. Das besondere Merkmal hingegen kann, als ein solches, von nichts prädizirt werden. Denn da es das Merkmal eines besondern Dinges ist, so kann es von andern Dingen worin es nicht anzutreffen ist, nicht prädizirt werden. Aber eben so wenig von dem Dinge worin es wirklich anzutreffen ist, indem hier Subjekt und Prädikat eines und eben dasselbe sind. Der Satz, worin dieses Merkmal als Prädikat vorkäme, würde identisch, und also ein leerer Satz seyn; z. B. dieser besondere Mensch ist dieser besondere Mensch.

Allgemeine Begriffe, die bloß als Beziehungen auf etwas Besonderes (Wirkliches) denkbar sind, können, als allgemeine Begriffe überhaupt, die noch besondere Bestimmun-

mungen annehmen können, von den Dingen
wo sie auf besondere Arten bestimmt anzutreffen sind, prädizirt werden. Da aber
ihr Wesen nur als Beziehung auf etwas Besonderes (Wirkliches) denkbar ist, so existiren sie zugleich in diesem Besondern. Wiß-
senschaft z. B. ist zwar ein allgemeiner Begriff, der verschiedene besondere Bestimmungen annehmen, und daher von den Objekten
unter diesen Bestimmungen prädizirt werden kann; z. B. Wissenschaft der Sprache,
Wissenschaft der Natur u. d. gl. Da aber
Wissenschaft überhaupt nicht ohne Beziehung auf ein Subjekt des Wissens denkbar
ist, so existirt Wissenschaft wirklich in diesem Subjekte.

Individuen (nicht bloß individuelle Merkmale) existiren zwar als solche, aber nicht in
einem Subjekt ausser demselben; sie sind
also in keinem Subjekt; auch können sie als
Individua von nichts prädizirt werden,
wie schon gezeigt worden; ausser in dem Fall,
wenn ihr Wesen ohne Beziehung auf etwas
Besonderes nicht denkbar ist, wo sie, so wie
die allgemeinen Wesen dieser Art, in dem Besondern existiren, und sich nur darin von
ihnen unterscheiden, daß jene als Prädikate
gebraucht werden können, sie aber nicht.

3. Was von dem Prädikat eines Subjekts ausgesagt wird, wird auch vom Subjekt ausgesagt. Mensch z. B. ist das Prädikat dieses Menschen, Thier ist Prädikat

von

von Menſch, folglich iſt auch Thier Prädi=
kat dieſes Menſchen.

Das Kriterium, woran man Subjekt und
Prädikat (in einem kathegoriſchen Urtheile)
erkennt und von einander unterſcheidet, iſt
dieſes: Subjekt iſt dasjenige was nicht an
ſich, ſondern bloß als das Prädikat auf
eine beſondere Art beſtimmt, Prädikat
aber das Beſtimmbare, was auch an ſich,
abſtrahirt von der beſondern Beſtimmung
des Subjekts, gedacht werden kann. Die Lo=
gik, die ſich bloß mit der Form der Begriffe
und Urtheile, von allem Inhalt abſtrahirt, be=
ſchäftigt, bekümmert ſich auch um dieſes Kri=
terium nicht; doch zeigt die Form der nicht
(mit Beibehaltung der Quantität) umzukeh=
renden Urtheile, daß es ein ſolches Kriterium
geben müſſe. Da nun das Subjekt ohne
das Prädikat nicht gedacht werden kann, ſo
folgt daraus, daß alles das was Prädikat
des Prädikats iſt, und ohne welches es
nicht gedacht werden kann, auch Prädikat
des Subjekts ſeyn muß; indem das Sub=
jekt nicht ohne ſein Prädikat, und dieſes wie=
derum als Subjekt, nicht ohne das ſeinige
gedacht werden kann.

4. Verſchiedene einander nicht untergeord=
nete Geſchlechter haben auch verſchiedene Differentia ſpecifica. Thier und Wiſſen=
ſchaft z. B. ſind verſchiedene einander nicht
untergeordnete Geſchlechter. Sie haben auch
daher verſchiedene Differenzen. Die Thiere ſind
z. B.

z. B. fortschreitende, zweifüßige, geflügelte, u. d. gl.; von allen diesen Differenzen aber kann keine einer Wissenschaft zukommen.

Um dieses zu beweisen, muß ich Folgendes vorausschicken. Der Artbegriff bestehet aus dem Geschlechtsbegriff und der Differentia specifica. Nun aber kann die Frage aufgeworfen werden: was mag der Grund seyn, daß wir diese beide Merkmale in einen einzigen Begriff zusammenfassen und auf diese Art den Begriff eines einzigen Objekts daraus machen? Daß sie sich einander nicht widersprechen, ist zwar die conditio sine qua non, kann aber keinen positiven Grund dieses Zusammenfassens abgeben, weil wir sonst alle Merkmale, die sich einander nicht widersprechen, in einen einzigen Begriff zusammenfassen würden, welches wir doch nicht thun. Wir fassen zusammen die Merkmale Linie und Geradeseyn, und bilden daraus den Begriff einer geraden Linie. Wir würden aber uns lächerlich machen, wenn wir (wie einige Philosophen, die darüber nicht reiflich nachgedacht haben, wirklich thun) die Merkmale Linie und Süß, in einen einzigen Begriff einer süßen Linie zusammenfassen sollten. Der Grund davon liegt darin: Wir bemerken im ersten Falle, daß eine Linie an sich, ohne alle weitere Bestimmung, als ein reelles Object gedacht werden kann, dem sowohl gewisse Eigenschaften (Theilbarkeit ins Unendliche,) zukommen, als welches auf mehr als einerlei Art bestimmt wird, (gerade und krumm,) so daß

es

es nach jeder derselben besondere neue Eigenschaften erhält; dahingegen das -Geradeseyn ohne Linie nicht gedacht werden kann; und dieses ist der Grund warum wir beide in einen einzigen Begriff zusammenfassen. Könnten sie beide ohne einander als reelle Objekte gedacht werden, so hätten wir keinen positiven Grund zu ihrer Zusammenfassung, so daß daraus ein neues reelles Object entspringen soll. Könnten sie beide nicht ohne einander gedacht werden, so müßten sie entweder beide einerlei seyn, oder sie müßten keine reelle Objekte, sondern bloß wechselseitig sich auf einander beziehende Glieder einer Denkform seyn, z. B. Ursach und Wirkung; und in beiden Fällen würde aus ihrer Zusammenfassung kein reelles Objekt entspringen. Dieses ist also nur auf die Art möglich, daß das eine Merkmal als das mehr als auf eine Art Bestimmbare, das andere aber als eine seiner möglichen Bestimmungen gedacht wird, wie in dem Beispiel einer geraden Linie der Fall ist.

Dieses vorausgeschickt, bin ich nun im Stande, auch diesen Satz des Aristoteles, den er nur durch ein Beispiel erläutert, a priori zu beweisen; daß nemlich verschiedene einander nicht untergeordnete Geschlechter, auch verschiedene Differentia specifica haben müssen. Laßt uns setzen, x sey die Differentia specifica so wohl von dem Geschlechte a als b. Da nun, wie schon gezeigt worden, die Differentia specifica nichts anders

berß ift alß eine Beftimmung des Geſchlechts,
und eine Beſtimmung nicht ohne das Be;
ſtimmbare gedacht werden kann, ſo kann x
ſo wenig ohne a als ohne b gedacht werden.
Soll alſo x gedacht werden, ſo müßte auch
a und b zugleich gedacht werden. Nun
können aber verſchiedene Vorſtellungen nicht
zugleich, als Merkmale eines einzigen Be;
griffs, gedacht werden, wo ſie nicht einan;
der untergeordnet ſind, ſo daß das eine als
das auf mehr als einerlei Art Beſtimm;
bare, und das andere als eine ſeiner mög;
lichen Beſtimmungen gedacht wird; dieſem
widerſpricht aber die Vorausſetzung, daß nem;
lich a und b einander nicht untergeordnet
ſind, woraus nothwendig folgt, daß ver;
ſchiedene einander nicht untergeordnete
Geſchlechter, keine gemeinſchaftliche Differentia ſpecifica haben können. Welches zu be;
weiſen war.

Man merke aber, daß dieſer Satz bloß
von der natürlichen, nicht aber von einer
willkürlichen Unterordnung gilt. Wir wol;
len z. B. alle Figuren in zwei Hauptgeſchlech;
ter eintheilen, nemlich in geradlinigte und
krummlinigte Figuren. Wir wollen fer;
ner ein jedes Geſchlecht nach ſeinen Differen;
zen, in Arten eintheilen. Das Geſchlecht
der geradlinigten, in Dreiecke, Vierecke,
Vielecke; der krummlinigten gleichfalls
in Dreiecke u. ſ. w. und noch außerdem
Ʒirkel, Ellipſe, Parabel, Hyperbel u. ſ. w.
ſind Dreiecke u. ſ. w. beiden Geſchlech;
tern gemeinſchaftliche Differentia ſpecifica

oder

ober Arten; welches dem erwähnten Satze widerspricht.

Eben so würde es sich verhalten, wenn wir die obersten Geschlechter durch die Anzahl der Seiten bestimmen und von einander unterscheiden, und das Geradlinigt, und Krummlinigtseyn, als ihre gemeinschaftliche Differentia specifica betrachten wollten. Dieser Satz gilt also nicht von einer jeden willkürlichen, sondern bloß von der natürlichen Unterordnung.

5. Die einander untergeordneten Geschlechter aber können allerdings eben dieselbe Differenzen haben. Denn die oberen Geschlechter werden von den niedern prädizirt; alle Differenzen der Prädikate kommen daher auch ihren Subjekten zu.

6. Ein jedes Wort an sich, ausser der Verbindung betrachtet, bezeichnet entweder eine Substanz, oder eine Größe, oder eine Qualität, oder eine Beziehung auf etwas, oder ein Irgendwo, oder ein Irgendwann, oder eine Lage; oder einen Besitz, oder ein Handeln oder Leiden.

7. Eine Substanz überhaupt ist z. B. Mensch, Pferd. Eine Größe ist z. B. ein zwei- oder drei Fuß langes. Eine Qualität, wie ein weißes, ein Grammatikverständiger. Beziehung oder Verhältniß, wie z. B. doppelt, die Hälfte, größer u. d. gl.

Ir=

Irgendwo, z. B. auf dem Markt, im Ly= ceum u. d. gl.   Irgendwann: gestern, vorgestern u. d. gl.   Lage, z. B. sitzen, liegen u. d. gl.   Ein Haben, wie z. B. Schuhe anhaben, bewaffnet seyn u. d. gl. Handeln, wie hauen, brennen u. d. gl. Leiden, z. B. gehauen, gebrennt seyn u. d. gl.

8. Durch alle diese Worte an sich betrachtet, wird nichts bejahet oder verneinet, sondern bloß durch ihre Verbindung mit einander. Denn eine jede Bejahung oder Verneinung muß entweder wahr oder falsch seyn; von diesen an sich aber, z. B. Mensch, weiß, läuft, singt, kann nicht gesagt werden daß sie wahr oder falsch sind.

C A P. III.

Von der Substanz.

Substanz, im eigentlichsten und vorzüglich= sten Sinn genommen, ist etwas das nicht von irgend einem Subjekt ausgesagt wird, und auch nicht in irgend einem Subjekt ist. Z. B. ein besonderer Mensch, ein besonderes Pferd f).

Subſtanz im eigentlichen Sinne, iſt ein
für ſich beſtehendes Ding, d. h. das was nicht
bloß als Subjekt, dem gewiſſe Prädikate
zukommen, gedacht wird, ſondern auch als ein
ſolches wirklich iſt; woraus folgt, daß ſo
wenig ein allgemeiner Begriff, als eine individuelle Vorſtellung Subſtanz heißen
kann. Jener kann zwar an ſich gedacht
werden, nicht aber als ein ſolcher exiſtiren,
(weil die Exiſtenz auf das Individuelle beruht) das Individuelle enthält zwar den
Grund der Exiſtenz, kann aber nicht ohne
das Allgemeine gedacht werden. Die Ver-
knüpfung beider iſt alſo zum Begriff der
Subſtanz nothwendig.

In einem uneigentlichern Sinn aber heißen
auch die Arten Subſtanzen, worin die erſten
anzutreffen ſind. Ein beſonderer Menſch z. B.
iſt in der Art Menſch (deſſen Geſchlechtsbegriff Thier iſt) anzutreffen. Menſch, Thier,
ſind daher in dieſem Sinne auch Subſtanzen.

Aus dem Geſagten folgt, daß ſowohl der
Name als die Erklärung deſſen, was von einem Subjekt ausgeſagt wird, dieſem Subjekte
zukommen müſſe. Z. B. Menſch wird von
einem beſondern Menſchen prädizirt, daher
kommt der Name Menſch ſowohl als ſeine Erklärung dieſem beſondern Menſchen zu.

Von denjenigen, die in einem Subjekte
ſind, wird mehrentheils ſo wenig der Name
als die Erklärung dem Subjekt beigelegt. Einige

nige derselben aber werden, ungeachtet des
Namens (der dem Subjekt nicht beigelegt wird)
dennoch vom Subjekt prädizirt, doch ohne daß
ihre Erklärung dem Subjekt beigelegt werden
könnte. Z. B. das Weiße ist im Körper
als in einem Subjekt, wird daher von demselben ausgesagt; die Erklärung des Weißen aber kann nicht vom Körper ausgesagt
werden.

Auf die Frage z. B. was ist ein Mensch?
kann geantwortet werden: er ist ein Thier,
(d. h. wenn man Thier unerklärt läßt.)
Der Name Thier wird also dem Menschen
beigelegt. Ist aber die Frage nach der Erklärung von Mensch, so kann (wenn man
bloß den Geschlechtsbegriff angeben will,)
hierauf geantwortet werden: er ist ein orga-
nisirtes lebendiges Wesen, welches die Erklärung von Thier ist. Dahingegen kann so
wenig auf die erste als auf die zweite Frage
geantwortet werden: er ist ein Weißes (Ding).
Der Grund davon liegt darin, daß die Thier-
heit zum Wesen des Menschen gehört, dahingegen das Weißseyn bloß eine mögliche
zufällige Bestimmung desselben ist. Man
kann daher allerdings sagen: der Mensch
überhaupt kann weiß seyn; dieser besondere
Mensch ist weiß, d. h. das Weißseyn kann
sowohl vom Menschen überhaupt, als von
einem besondern Menschen prädizirt werden;
nicht aber ein Mensch ist ein Weißes; (Ding)
so daß die Benennung und Erklärung des
Wei-

Weißen dem Menschen wesentlich zukom=
men sollte.

Alle übrige aber werden entweder von den
ersten Substanzen, als von Subjekten aus=
gesagt, oder sie sind in diesen Subjekten.
Dieses erhellet aus den vorerwähnten Fällen.
Thier wird vom Menschen prädizirt; folglich
auch von einem besondern Menschen. Denn
könnte es von keinem besondern Menschen, so
könnte es auch nicht vom Menschen überhaupt
prädizirt werden. Die Farbe ist im Körper,
folglich auch in einem besondern Körper; denn
wäre sie nicht in irgend einem besondern Kör=
per, so würde sie auch nicht im Körper über=
haupt anzutreffen seyn; woraus erhellet, daß
alle übrige Dinge (ausser den Substanzen)
entweder von den ersten Substanzen aus=
gesagt werden, oder in denselben anzutreffen
sind. Denn gehörten sie nicht zu den ersten
Substanzen, so könnten sie auch den andern
nicht beigelegt werden. Unter den andern
Substanzen ist die Art mehr Substanz als das
Geschlecht, indem jene der ersten Substanz
näher kömmt als dieses. Denn wenn jemand
die erste Substanz erklären will, so wird er sie
durch das, was ihr am nächsten kommt, nem=
lich durch den Artbegriff kenntlicher machen,
als durch den Geschlechtsbegriff. Wenn je=
mand z. B. einen besondern Menschen erklären
will,

will, so wird er ihn kenntlicher machen, wenn
er sagt: er ist ein Mensch, als wenn
er sagt: er ist ein Thier, weil jener Begriff
einem besondern Menschen eigenthümlicher,
als dieser ist. So wird auch derjenige, der
einen besondern Baum erklären will, denselben
dadurch kenntlicher machen, daß er sagt: er
ist ein Baum, als wenn er sagen würde: er
ist eine Pflanze.

Ferner, da die ersten Substanzen allen andern zum Grunde liegen, so daß diese entweder von jenen ausgesagt werden, oder in
jenen sind; so kommt jenen der Name von
Substanzen vorzugsweise zu.

So wie sich die ersten Substanzen zu allen
andern Dingen verhalten, eben so verhält sich
die Art zum Geschlecht. Denn der Artbegriff
liegt dem Geschlechtsbegriff zum Grunde, so
daß dieser von jenen ausgesagt werden kann,
nicht aber umgekehrt. Also auch aus diesen
Gründen ergiebt es sich, daß die Art mehr
Substanz ist, als das Geschlecht.

Unter den Arten selbst aber ist keine derselben mehr Substanz als die andere. Ein besonderer Mensch wird dadurch, daß man sagt:
er ist ein Mensch, nicht kenntlicher gemacht,
als ein besonderes Pferd, dadurch, daß man
sagt: es ist ein Pferd. So ist auch unter den
ersten Substanzen keine derselben mehr Sub-

stanz

ſtanz alß die andere. Ein beſonderer Menſch
iſt nicht mehr Subſtanz alß ein beſonderer
Ochß. Nach den erſten Subſtanzen alſo,
kommt der Name Subſtanz vorzugsweiſe den
Arten und Geſchlechtern zu. Denn dieſe allein
beſtimmen die erſte Subſtanz aller Prädikate.
Was ein beſonderer Menſch iſt, kann durch
die Art, oder das Geſchlecht am beſten ange⸗
deutet werden; dagegen alle andere Prädikate
dazu untauglich ſind. J. B. (dieſer Menſch iſt)
weiß, (er) läuft, u. d. gl. Die Arten und Ge⸗
ſchlechter werden daher mit Recht unter allen an⸗
dern (auſſer die erſten Subſtanzen) vorzugsweiſe
Subſtanzen (der zweiten Ordnung) genennt.

Der Grund davon iſt, weil jene der erſten Sub⸗
ſtanz weſentlich, dieſe aber ihr blos zu⸗
fällig ſind.

Das allgemeine Merkmal einer Subſtanz
überhaupt aber iſt, daß ſie in keinem Subjekt
iſt. Denn die erſten Subſtanzen ſind in kei⸗
nem Subjekt, und werden auch von keinem
Subjekt prädizirt. Von den andern Sub⸗
ſtanzen iſt es auch offenbar, daß ſie in keinem
Subjekt ſind. Menſch wird zwar von einem
beſondern Menſchen, als von einem Subjekte
ausgeſagt, iſt aber nicht in demſelben. So
wird auch Thier von einem beſondern Men⸗
ſchen, als von einem Subjekt ausgeſagt, iſt
aber nicht in demſelben.

Einige

Einige derjenigen Dinge die in einem Subjekte sind, können, ungeachtet des Namens, dennoch zuweilen vom Subjekt prädizirt werden. Dahingegen ihre Erklärung vom Subjekt nicht prädizirt werden kann. Die Substanzen der zweiten Ordnung aber können sowohl dem Namen als der Erklärung nach, vom Subjekt prädizirt werden. Sowohl der Name Mensch oder Thier, als die Erklärung desselben, kann von einem besondern Menschen prädizirt werden. Eine Substanz überhaupt ist also in keinem Subjekt.

Dieses Merkmal ist aber nicht bloß der Substanz eigen. Die Differenz gehört gleichfalls zu den Dingen die in keinem Subjekt sind. Gehendes und zweibeinichtes (Thier) wird zwar von einem besondern Menschen ausgesagt, ist aber nicht in demselben. Auch die Erklärung der Differenz wird von dem, dessen Differenz sie ist, ausgesagt. Z. B. sowohl der Name gehendes (Thier) als die Erklärung desselben kann vom Menschen ausgesagt werden; denn ein Mensch ist ein gehendes Thier.

Es möchte anfangs scheinen, als verhielten sich die Differentiae specificae zum Geschlechte auf eben die Art, als sich die zufälligen Modifikationen zum Wesen verhalten. Denn die Differentia specifica ist dem Geschlechte eben so zufällig, als eine jede zufällige Bestimmung einem jeden Wesen überhaupt.

War-

Warum also sollen sie in ihren Funktionen gerade einander entgegengesetzt seyn? Eine zufällige Bestimmung ist im Subjekte, ihre Erklärung aber kommt demselben nicht zu. Mit der Differentia specifica hingegen ist es gerade umgekehrt; ihre Erklärung kommt dem Subjekte zu, sie ist aber nicht im Subjekte, da sie doch beide vom Subjekte prädizirt werden.

Denn so wie man sagt: ein Thier kann weiß seyn, dieses Thier ist weiß; eben so kann man sagen: ein Thier kann vernünftig (ein Mensch) seyn, dieses Thier (dieser Mensch, ist vernünftig. Nach genauer Ueberlegung aber findet es sich, daß es doch ein großer Unterschied zwischen beiden ist. Die Differentia specifica ist zwar dem Geschlechte zufällig, es kann auch an sich ohne dieselbe gedacht werden; doch kann durch Bestimmung des Geschlechts durch dieselbe ein neues Wesen hervorgebracht werden, welches eine Art dieses Geschlechts ausmacht. Das hingegen durch das Hinzukommen einer zufälligen Bestimmung zum Wesen, kein neues Wesen entstehen kann; und der Grund davon liegt darin, daß das Geschlecht zwar ohne die Differentia specifica, nicht aber diese ohne jenes gedacht werden kann, folglich macht, wie schon bemerkt worden, die Zusammenfassung beider in einem Begriff, ein einziges reelles Objekt aus, dahingegen eine zufällige Bestimmung auch ohne Wesen (als zufällige Bestimmung eines andern Wesen, oder auch an sich) gedacht werden kann. Folglich

lich hat das Zusammenfassen beider in einem
einzigen Begriff, keinen reellen Grund, und
es kann daraus kein neues Wesen entstehen.
Die Differentia specifica ist daher, weil sie
nicht das blos Gegebene, sondern das Gedachte ist, nicht im Subjekt, ihre Erklärung aber kommt ihm allerdings zu. Das
hingegen eine zufällige Bestimmung auch
ohne Subjekt denkbar und daher blos zufälligerweise in demselben ist; ihre Erklärung
aber kommt ihm nicht zu. Vernunft ist
dem Geschlecht Thier nicht wesentlich; es
kann auch ohne dieselbe gedacht werden. Vernunft ohne Thier hingegen kann nicht gedacht
werden. Die Zusammenfassung von Thier
und Vernunft hat also einen positiven Grund.
Ich kann also nicht nur von einem Menschen
sagen: dieses Thier ist vernünftig, sondern
auch demselben die Erklärung, oder die wesentlichen Bestimmungen der Vernunft beilegen.
Weiß hingegen ist auch dem Thiere nicht wesentlich, es kann auch ohne diese zufällige Bestimmung gedacht werden; aber eben so gut
kann auch weiß ohne Thier gedacht werden.
Ich kann daher von einem weißen Menschen
wohl sagen: dieses Thier ist weiß, kann ihn
aber keinesweges dadurch erklären, weil die
Erklärung auch andern Dingen, worin das
Weiße angetroffen wird, zukommen kann.
Dahingegen Vernunft nur dem Menschen
zukommt.

Die Theile der Substanzen aber, die im
Subjekte, als in ihrem Ganzen sind, müssen

uns

uns hier nicht irre führen, daß wir sie beswegen für keine Substanzen halten sollten. Denn in einem Subjekt seyn, wird nicht in der Bedeutung, als wenn die Theile im Ganzen sind, genommen.

Die Theile sind im Ganzen, heißt nicht: die Theile existiren blos im Ganzen, und durch das Ganze, weil sie auch an sich ausser demselben existiren können; sondern blos, sie sind als Theile im Ganzen, da sie ausser demselben nicht als Theile, sondern als Ganze an sich sind. Dahingegen, etwas ist in einem Subjekt, heißt: es kann nur im Subjekt, nicht aber an sich ausser demselben existiren.

Dieses ist den Substanzen und den Differenzen gemein, daß alles was von ihnen ausgesagt, einnamigt (univoce) ausgesagt wird. Denn alle von ihnen herrührende Prädikate, werden entweder von den Individuen, oder von den Arten ausgesagt; denn die erste Substanz kann kein Prädikat abgeben, indem sie von keinem Subjekt ausgesagt wird.

Von den Substanzen der zweiten Ordnung werden die Arten von ~~einzelnen~~ Dingen die Geschlechter aber sowohl von diesen als von den Arten ausgesagt. So werden auch die Differenzen sowohl von den Arten als von den einzelnen Dingen ausgesagt.

Auf

Auf eben die Art können auch die ersten
Substanzen die Erklärungen der Arten und
Geschlechter, so wie auch die Arten die Erklärungen der Geschlechter annehmen. Denn
alles was vom Prädikat ausgesagt wird, wird
auch vom Subjekt ausgesagt. So nehmen
auch die Arten und Individuen die Erklärungen der Differenzen an. Da nun unserer Erklärung zufolge, diejenigen Dinge einnamig
heißen, die sowohl den Namen als die Erklärung gemeinschaftlich haben, so müssen alle
von den Substanzen und Differenzen herrüh-
renden Prädikate einnamig heißen.

Eine jede Substanz aber scheint ein Dieses (Besonderes) Etwas zu bedeuten. In
Ansehung der ersten Substanzen ist dieses außer
allen Zweifel. Sie bedeuten ein Individuum
und was der Zahl nach eins ist. Mit den
Substanzen der zweiten Ordnung scheint es
sich, durch die Uneigentlichkeit des Ausdrucks,
eben so zu verhalten, wie wenn man z. B. sagt:
ein Mensch oder ein Thier. Dieser Schein
aber trügt. Ein Ausdruck dieser Art bedeutet
vielmehr eine Qualität, nicht ein einziges
Subjekt, so wie die erste Substanz, indem es
von vielen ausgesagt wird. Sie bedeuten
aber nicht eine Qualität überhaupt, so wie das
Weiße bloß eine Qualität bedeutet, sondern
eine die Substanz bestimmende Qualität (ein

Qua-

Quale), indem Arten und Geschlechter etwas
in der Substanz bedeuten.

Das Geschlecht begreift aber mehr unter
sich als die Art. Thier brgreift mehr als
Mensch.

Auch dieses haben die Substanzen an
sich, daß nichts ihnen entgegengesetzt werden kann. Denn was kann der ersten Substanz, z. B. einem besondern Menschen oder
Thier, entgegengesetzt werden?

Dieses ist aber nicht der Substanz allein
eigen, sondern auch vielen andern Prädikamenten. Z. B. dem Quanto einer zwei- oder
drei Fuß Länge, der Zahl Zehn, u. d. gl. kann
nichts entgegengesetzt werden; ausser daß das
Viele dem Wenigen, und das Große dem
Kleinen entgegengesetzt wird. Bestimmten Größen hingegen kann nichts entgegengesetzt werden.

Es scheint aber daß eine Substanz kein
Mehr oder Weniger annehmen kann. Ich
meine damit aber nicht, daß eine Substanz
nicht mehr oder weniger als eine andere Substanz seyn kann, indem, wie schon gesagt, dieses allerdings möglich ist, sondern bloß daß
jede Substanz ist, das was sie ist, nicht mehr
oder weniger als eine andere Substanz. Ein
Mensch ist nicht mehr oder weniger Mensch
als ein anderer, oder er selbst, (unter verschiedenen Umständen) u. d. gl.

Was

Was aber der Substanz am eigentlichsten zu seyn scheint, ist, daß obschon sie, der Zahl nach, eine und eben dieselbe ist, sie dennoch entgegengesetzte Dinge annimmt. Von den andern (Prädikamenten) aber, die keine Substanzen sind, kann dieses nicht behauptet werden. Die Farbe, die der Zahl nach eine und dieselbe ist, kann nicht weiß und schwarz seyn; eben dieselbe Handlung kann nicht gut und böse seyn; und so ist es mit allen beschaffen, die keine Substanzen sind. Eine Substanz hingegen, die der Zahl nach eine und eben dieselbe ist, nimmt entgegengesetzte Dinge an. Ein gewisser Mensch, der der Zahl nach einer und derselbe bleibt, ist einmal weiß, ein andermal schwarz, kalt und warm, bös und gut, u. d. gl. Bei andern (Prädikamenten) hingegen wird dieses nicht bemerkt, (daß ein und dasselbe Ding entgegengesetzte Prädikate annehmen soll,) ausser wenn jemand eine Rede oder Meinung zum Beweise vom Gegentheil anführen sollte. Nemlich eine Rede oder Meinung sind entgegengesetzter Prädikate empfänglich; eben dieselbe Rede (Aussage) kann wahr und falsch seyn. Wenn z. B. die Aussage wahr ist, daß jemand sitzt, so wird eben dieselbe Aussage, nachdem er aufgestanden ist, falsch seyn. Und eben so verhält es sich mit der Meinung.

Ges

Eine Subſtanz wird dadurch erkannt, daß bei allen ihren Veränderungen das Subſtanzielle darin unverändert bleibt. Sie kann daher ſucceſſiv ganz entgegengeſetzte Beſtimmungen annehmen, ohne daß deſſentwegen dieſes Subſtanzielle (und in Beziehung auf dieſes auch die Subſtanz,) nicht mit ſich ſelbſt einerlei bleiben ſollte. Ein Modus hingegen kann nur durch Zernichtung in ſein Entgegengeſetztes übergehen. Man kann daher von einem Körper, als von einer Subſtanz, ſagen: der weiße Körper iſt ſchwarz geworden; nicht aber: die weiße Farbe iſt eine ſchwarze geworden; ſondern jene hat aufgehört, und dieſe tritt an ihre Stelle.

Geſetzt nun, wir wollen dieſes zugeben, ſo ſind die vorgebrachten Beiſpiele dennoch von den Veränderungen der Subſtanzen unterſchieden. Einige in den Subſtanzen nehmen entgegengeſetzte Prädikate, indem dieſe mit einander wechſeln, an. Denn das, welches aus einem Warmen (Dinge) ein Kaltes geworden iſt, hat ſeine Prädikate verwechſelt, indem es verändert worden iſt; und ſo auch das, welches aus einem Schwarzen ein Weißes, aus einem Böſen ein Gutes geworden iſt. So nehmen auch alle Dinge die verändert werden, entgegengeſetzte Prädikate an. Eine Ausſage oder Meinung hingegen bleibt an ſich ganz unverändert, die Sache aber, die ſie betrifft,

trifft, wird verändert, und aus diesem Grunde ist die Aussage bald wahr bald falsch. Es bleibt also der Substanz eigenthümlich, durch ihre Veränderung entgegengesetzte Prädikate anzunehmen.

Cap. IV.
Vom Quantum.

Es giebt eine getrennte und eine stätige Größe; wiederum eine Größe, deren Theile eine bestimmte Lage gegen einander haben, und eine, deren Theile keine bestimmte Lage haben.

Eine getrennte Größe ist z. B. eine Zahl und eine Rede. Eine stätige ist eine Linie, Fläche, und ein Körper, wie auch der Raum und die Zeit. Denn die Theile einer Zahl haben keine gemeinschaftliche Gränze, wodurch sie mit einander verbunden sind. Fünf und fünf, als Theile der Zahl Zehn, haben keine gemeinschaftliche Gränze, sondern sind von einander getrennt; so auch Drei und Sieben. Eine Zahl ist also eine diskrete Größe.

So ist es auch mit einer Rede beschaffen. Daß eine Rede eine Größe ist, ist offenbar, denn sie wird durch lange und kurze Sylben gemessen, (ich meine eine Rede, insofern sie mit Worten ausgedrückt wird.) Ihre Theile (nemlich die Sylben) hängen gleichfalls durch keine gemeinschaftliche Gränze zusammen. Jeder ist an und für sich von den andern getrennt.

Eine Linie hingegen ist eine stätige Größe, indem man darin eine gemeinschaftliche Gränze, einen Punkt annehmen kann, worin die Theile zusammenhängen. So kann auch in einer Fläche eine Linie; in einem Körper eine Linie oder Fläche, als gemeinschaftliche Gränze angenommen werden, worin die Theile zusammenhängen.

Raum und Zeit sind auch stätige Größen. Der gegenwärtige Zeitpunkt ist mit dem vergangenen und zukünftigen verknüpft, und so ist es auch mit dem Raume. Die Theile des Körpers, die durch eine gemeinschaftliche Gränze zusammenhängen, nehmen einen Raum ein. Daher müssen auch die Theile des Raumes, den jene einnehmen, durch eine gemeinschaftliche Gränze zusammenhängen. Der Raum ist daher gleichfalls eine stätige Größe.

Der

Der Raum, als Form der äuſſern Anſchauungen, iſt ſchon, an ſich betrachtet, als eine
Anſchauung a priori, eine ſtätige Größe.
Daher hatte Ariſtoteles oben, da er von
den Objekten des reinen Raumes (Linie,
Fläche,) ſprach, ihre Stätigkeit an ſich, ohne dieſelbe erſt durch den Körper, den ſie
einnehmen, zu beweiſen, vorausgeſetzt. Der
empyriſche Raum hingegen kann nur durch
den Körper, der ihn einnimmt, erkannt,
und in ſeiner Art beſtimmt werden. Seine
Stätigkeit kann alſo bloß durch die Stätigkeit des Körpers, der ihn einnimmt, (die
eine nothwendige Folge von der Stätigkeit
des reinen Raumes, als ſeiner Form, iſt,)
bewieſen werden.

Die Theile einiger Größen haben eine beſtimmte Lage gegen einander; die der andern
aber nicht. Die Theile einer Linie z. B. haben eine beſtimmte Lage gegen einander. Ein
jeder derſelben iſt irgendwo in dieſer Linie, ſo
daß man beſtimmen kann, wo ein jeder Theil
in der Linie iſt, und mit welchen Theilen er
(unmittelbar) zuſammenhängt. So haben
auch die Theile einer Fläche eine beſtimmte
Lage. Man kann auch gleicherweiſe angeben, wo ein jeder iſt, und welche Theile (unmittelbar) zuſammenhängen. So iſt es auch
mit einem Körper beſchaffen.

In einer Zahl hingegen kann keine beſtimmte Lage der Theile angegeben werden,
nicht

nicht wo sie sind, und welche (unmittelbar) zusammenhängen. So ist es auch mit der Zeit. Kein Theil der Zeit ist bleibend; wie kann also das, was nicht bleibend ist, eine bestimmte Lage haben? Eher könnte man den Theilen der Zeit eine Ordnung beilegen, worin ein Theil vorhergehend, und der andere (unmittelbar) darauf folgend ist. Auf eben die Art kann auch einer Zahl Ordnung beigelegt werden, indem Eins der Zahl Zwei, diese der Drei, u. s. w. im Zählen vorhergeht; keinesweges aber Lage.

Eben so ist es mit einer Rede beschaffen. Kein Theil derselben ist (nachdem er ausgesprochen wird) bleibend; daher findet auch keine Lage der Theile statt.

Hieraus erhellt, daß einige Größen aus Theilen, die eine bestimmte Lage haben, andere aber aus solchen, die keine bestimmte Lage haben, bestehen.

Größen, im eigentlichen Verstande, sind nur die vorerwähnten. Die andern alle sind es bloß zufälligerweise (per accidens). Sie können bloß in Beziehung auf jenen, Größen genannt werden. Des Weißen ist viel, wenn es in einer großen Fläche verbreitet ist. Eine Handlung oder Bewegung ist lang (langdauernd), wenn eine lange Zeit in ihrer Ausübung verflossen ist. An und für sich

aber

aber sind alle diese keine Größen. Will jemand bestimmen, wie lang eine Handlung ist, so muß er es durch die Zeit eines Jahrs, u. d. gl. bestimmen. Will er die Quantität des Weißen bestimmen, so muß er die Oberfläche, worin es sich erstreckt, bestimmen. Woraus folgt: daß nur die anfangs erwähnten, eigentliche Größen sind, die andern aber sind es nur zufälligerweise.

Ferner, kann einer Größe nichts entgegengesetzt seyn. In bestimmten Größen ist es offenbar, daß keine derselben der andern entgegengesetzt ist. Nichts ist einer zweifüßigen, dreifüßigen, oder einer Fläche überhaupt, entgegengesetzt.

Sollte man glauben, daß Viel und Wenig, Groß und Klein, einander entgegengesetzt sind, so muß man bedenken, daß diese in der That keine (absolute) Größen, sondern bloß Relationen zu etwas bedeuten. Denn an und für sich ist nichts groß oder klein, sondern nur in Beziehung auf etwas. Ein Berg ist groß oder klein, in Beziehung auf den Begriff, den wir uns von seiner Art machen. So sagen wir: in einem Flecken sind viele Menschen, in Athen aber wenige; im Hause viele, im Theater wenige; obschon hier mehr Menschen als dort sind.

So

So sind auch das zwei Fuß Große, und drei Fuß Große, (bestimmte) Größen; das Große und Kleine hingegen keine (an sich bestimmte) Größen, sondern bloß in Beziehung auf Etwas (Bestimmtes).

Groß und Klein sind also keine Quanta, sondern bloße Relationen. Man mag aber diese für Größen halten, oder nicht, so ist es ausgemacht, daß ihnen nichts entgegengesetzt seyn kann. Denn was kann demjenigen, das an sich nicht begriffen werden kann, entgegengesetzt seyn?

Sollte das Große dem Kleinen entgegengesetzt seyn, so würde daraus folgen, daß ein und eben dasselbe Ding entgegengesetzte Bestimmungen zugleich annehmen, und sich selbst entgegen seyn kann. Ein Ding kann zugleich groß und klein seyn, nemlich in verschiedener Beziehung; nichts aber kann entgegengesetzte Bestimmungen zugleich annehmen. Eine Substanz ist zwar entgegengesetzter Bestimmungen fähig, doch kann niemand zugleich gesund und krank, weiß und schwarz, d. h. sich selbst entgegen, seyn. Das Große ist daher dem Kleinen, und das Viele dem Wenigen nicht entgegengesetzt. Man mag also diese für keine bloße Relationen, sondern für Quanta halten, so kann ihnen doch nichts entgegengesetzt werden.

Der

Der Raum als Quantum, scheint am meisten einer Entgegensetzung fähig zu seyn. Das Oberste wird dem Untersten entgegengesetzt, das Unterste kommt dem Mittelpunkte, der von den Endpunkten am entferntesten ist, näher.

Diese Erläuterung ist vom Aristoteles mit vieler Einsicht hinzugefügt worden. Denn so lange man keinen festen Punkt annimmt, in Beziehung auf welchen das Oben und Unten bestimmt wird, sondern diese bloß eine in der Anschauung bestimmte, besondere Art entgegengesetzter Richtungen bedeuten, kann Oben und Unten so wenig, als Viel und Wenig, Groß und Klein, einander entgegengesetzt werden. Ein jeder Punkt in der Linie, wonach diese Richtungen bestimmt werden, ist zugleich Oben und Unten in verschiedenen Beziehungen; folglich kann das Oberste und das Unterste nicht einander entgegengesetzt seyn. Nimmt man hingegen einen festen Punkt, z. B. den Mittelpunkt der Erde, als das absolute Unten an, so wird dadurch das Oberste und das Unterste bestimmt. Jenes ist das von diesem Punkte entferntere, dieses das demselben nähere. Sie sind also einander entgegengesetzt. Von jeden zwoen angenommenen, nach einer und derselben Richtung liegenden, Punkten in der Richtungslinie ist der eine nothwendig der oberste, und der andere der unterste, obschon dieser oberste in Ansehung eines noch entferntern Punkts ein unterster, und der

C   unter-

unterſte, in Anſehung eines noch nähern Punkts, ein oberſter iſt.

Hieraus wird auch die Erklärung anderer Arten von Entgegenſetzung hergeleitet. Die Dinge, die in eben der Art am weitſten von einander ſind, werden einander entgegens geſetzt.

Klugheit und Dummheit z. B. ſind einander entgegen geſetzt, denn obſchon der Kluge, in Anſehung eines noch Klügern, dumm, ſo wie der Dumme, in Anſehung eines noch Dümmern, klug heißen kann, ſo giebt es hier doch ein **Minimum** der **Klugheit** oder **Maximum** der Dummheit, das gleichſam der Uebergang vom menſchlichen zum thieris ſchen Zuſtande iſt, ſo daß der, der dieſe Gränze der Dummheit überſchreitet, nicht mehr ein dummer Menſch, ſondern bloß (unvernünftiges) **Thier** iſt.

Eine Größe kann auch kein Mehr und Weniger annehmen. Eine Größe von zwei Fuß iſt nicht mehr oder weniger als eine andre Größe von drei Fuß, und ſo iſt es auch mit einer Zahl beſchaffen. Drei iſt nicht mehr oder weniger (drei), als fünf (fünf) iſt. Auch iſt keine (beſtimmte) Zeit mehr oder weniger, als eine andere (auf gleiche Art beſtimmte) Zeit. Am Eigenthümlichſten iſts aber einer Größe (eis ner andern) gleich oder ungleich zu ſeyn. Denn von einer jeden der erwähnten Größen **kann**

kann gesagt werden, daß sie einer andern (ihrer Art) gleich oder ungleich sey.

Von den andern Prädikamenten, außer der Quantität, kann gleich und ungleich nicht gebraucht werden. Man kann z. B. nicht sagen: eine Anlage ist der andern, ein Weißes ist dem andern gleich oder ungleich, sondern ähnlich oder unähnlich. Es ist also einem Quantum eigenthümlich, gleich oder ungleich zu seyn.

Aehnlichkeit bedeutet die Einerleiheit des Wesens. Gleichheit aber die Einerleiheit der Quantität.

Cap. V.
Von den bezogenen Dingen.

Bezogene Dinge sind solche, die das, was sie sind, bloß in Beziehung auf etwas anderes sind. Größer z. B. ist ein Ding nur in Beziehung auf ein anderes. Zwiefach ist gleichfalls in Beziehung auf etwas anderes, indem es zwiefach als dieses andere ist, u. d. gl. Diese sind eben solche Beziehungen, als Anlage, Fertigkeit, Wissenschaft, Gefühl, Lage. Alle diese sind, was sie sind, in Beziehung

auf

auf etwas, und nichts anders. Eine Fertigkeit wird auf eine Handlung, eine Wissenschaft auf ihren Gegenstand, eine Lage auf etwas, (wodurch sie bestimmt wird), bezogen u. d. gl. Diese sind lauter (auf etwas) bezogene Dinge, und sind, was sie sind, bloß in Beziehung (auf dieses Etwas).

So ist ein Berg groß, im Verhältniß zu einem andern. Denn er muß doch im Verhältniß zu etwas groß seyn. Das Aehnliche muß einem Etwas ähnlich seyn, und andere dieser Art.

Das Stehen, das Sitzen u. d. gl. sind verschiedne Arten der Lage; Lage kann aber bloß in Beziehung auf etwas bestimmt werden. Stehen, Sitzen u. s. w. sind selbst nicht Lage, und werden bloß durch Ableitung nach diesen verschiedenen Arten der Lage benannt.

Stehen und Sitzen bedeuten nicht Lagen, sondern Handlungen, die diese Lagen hervorbringen.

Die relativen Dinge lassen auch eine Entgegensetzung zu; so ist Tugend dem Laster, und Wissenschaft der Unwissenheit entgegengesetzt, obschon beide bloß relative Dinge sind.

Doch lassen nicht alle relative Dinge eine Entgegensetzung zu. Dem Doppelten, dem
Drei-

Dreifachen z. B. kann nichts entgegengesetzt
seyn.

Man könnte vielleicht glauben, daß dem Doppelten die Hälfte entgegengesetzt sey. Aber
was verstehet man unter dieser Hälfte? Verstehet man darunter die Einheit, in Beziehung auf welcher das Doppelte das Doppelte
ist, so ist diese Einheit weit entfernt dem
Doppelten entgegengesetzt zu seyn, so daß
ihre Vorstellung die Vorstellung desselben heben soll, sie ist vielmehr zur bestimmten Vorstellung des Doppelten unentbehrlich. Verstehet man aber darunter das, was sich zur
Einheit, wie diese zum Doppelten verhält,
so ist dieses bloß ein umgekehrtes Verhältniß,
nicht aber eine Entgegensetzung. Selbst die
Entstehungsart beider ist nicht einander entgegengesetzt. Das Doppelte entstehet durch
Addition noch einer solchen Einheit, die
Hälfte hingegen entstehet nicht durch Sub-
traktion eben derselben Einheit, weil sonst
nichts übrig bleibt, sondern einer andern
Einheit, die sich zur gegebenen, wie diese
zum Doppelten verhält. Abermal ein umgekehrtes Verhältniß, aber keine Entgegensetzung.

Auch Mehr und Weniger scheinet die Relation zuzulassen. Aehnlich und unähnlich,
gleich und ungleich lassen ein Mehr und
Weniger zu, welche alle doch Relata sind.

Doch sind nicht alle Relata des Mehr
und Weniger fähig. Das Zwiefache z. B.

kann

kann nicht mehr und weniger zwiefach seyn,
u. d. gl.

Alle Relata werden wechselsweise auf
einander bezogen. Der Knecht ist seines
Herrn Knecht, so wie der Herr seines Knechts
Herr; die Hälfte ist seines Zwiefachen
Hälfte, so wie das Zwiefache seiner Hälfte
zwiefach; das Größere ist größer als sein
Kleineres, so wie das Kleinere kleiner, als sein
Größeres ist, und so ist es in allen dergleichen
Fällen. Außer daß sie zuweilen bloß dem Ausdruck nach davon abweichen. So ist eine Wissenschaft Wissenschaft ihres Gegenstands,
und der Gegenstand Gegenstand dieser Wissenschaft; eine Empfindung Empfindung
des Empfundenen, das Empfundene ist das
Empfundne der Empfindung.

Zuweilen scheint es auch, als wenn die
Relata sich nicht wechselsweise auf einander
beziehen; welches sich ereignet, wenn aus einem Fehler im Vortrage dasjenige, worauf
die Beziehung eigentlich ist, nicht ausgedrückt
wird.

Als wenn z. B. Flügel auf einen Vogel
bezogen werden, da doch nicht umgekehrt Vogel auf Flügel bezogen wird. Dieses rührt
daher, weil die erste Beziehung nicht genau
ausgedrückt worden ist.

Flü-

Flügel bezieht sich nicht auf Vogel, in so fern er Vogel, sondern in so fern er ein geflügeltes Ding ist. Es giebt mehrere Dinge, die Flügel haben, und keine Vögel sind. Genau ausgedrückt beziehen sie sich in der That wechselsweise auf einander. Die Flügel sind Flügel des Geflügelten, und das Geflügelte ist das Geflügelte der Flügel.

Zuweilen ist vielleicht gar nöthig, einen Nahmen hinzu zu denken; wenn nämlich dasjenige, worauf die Beziehung ist, gar nicht ausgedrückt wird. Wenn es z. B. hieße: das Steuerruder eines Schiffs, so ist hier eigentlich das Korrelatum nicht ausgedrückt, denn das Steuerruder gehört nicht dem Schiffe als einem Schiffe wesentlich zu, weil es auch Schiffe giebt, die kein Steuerruder haben. Daher findet hier keine wechselseitige Beziehung statt, indem man nicht sagen kann, das Schiff des Steuerruders. Dieses könnte also schicklicher so ausgedrückt werden: das Steuerruder des Steuerruder habenden, oder auf irgend eine andere Weise. Denn der Nahme (des Korrelatums) ist hier eigentlich gar nicht ausgedrückt, und wird, gehörig ausgedrückt, allerdings sich (auf das ausgedrückte Korrelatum) beziehen, und so ist es auch in andern Fällen. Der Kopf eines Kopf habenden ist genauer ausgedrückt, als der Kopf

eines

eines Thiers. Denn der Kopf kommt dem Thier nicht wesentlich zu, indem es viele Thiere giebt, die keinen Kopf haben.

Ob es solche Thiere giebt, oder nicht? mögen die Naturkundiger unter sich ausmachen; genug, daß dieses problematisch möglich ist, indem der Begriff von Thier keineswegs den von Kopf in sich einschließt.

Man kann aber die Sache auf eine leichte Art so einrichten, daß man die fehlenden Namen jenen ersten gemäß, womit sie in wechselseitiger Beziehung stehen, bildet. Wie in den vorerwähnten Beispielen, ein Geflügeltes (Ding) von Flügel, ein Steuerrudrichtes (Schiff) von Steuerruder.

Alle Relata also beziehen sich, gehörig ausgedrückt, wechselseitig auf einander; sonst aber nicht. Ich behaupte sogar, daß selbst die Nahmen derjenigen Dinge, die nach Uebereinstimmung aller (Menschen), blaße Relationen sind, und deren Korrelata bestimmte Nahmen haben, keine wechselseitige Beziehung zulassen, wenn sie mit etwas Zufälligem, nicht aber mit dem Eigentlichen, worauf die Beziehung ist, verglichen werden. Z. B. wenn man nicht sagt: der Knecht des Herrn, sondern eines Menschen oder zweifüßigen Thiers u. d. gl. Hier findet keine wechselseitige

seitige Beziehung statt, weil die Beziehung nicht richtig und genau ausgedrückt ist.

Ferner: wenn dasjenige genau ausgedrückt wird, worauf ein Ding sich bezieht, indem man jenes in Gedanken von allem dem, was ihm zufällig ist, abstrahirt, und nur dasjenige in Betrachtung zieht, worauf die Beziehung eigentlich ist, so wird diese Beziehung immer statt finden. Wie wenn man sagt: der Knecht des Herrn, und man von dem Herrn in Gedanken abstrahirt, was ihm (als Herrn) zufällig ist, (z. B. daß er zweifüßig, einer Wissenschaft fähig, und ein Mensch ist,) und nur dasjenige beibehält, daß er ein Herr ist, so ist der Knecht beständig des Herrn Knecht. Geschieht dies aber nicht, so ist die Beziehung nicht immer wahr, sondern der Veränderung unterworfen. Denn, wenn man sagt: der Knecht des Menschen, und die Flügel des Vogels, und abstrahirt vom Menschen dieses (ihm als Mensch zufällige) Verhältniß, daß er Herr ist, so kann man nicht mehr sagen, daß der Knecht, Knecht des Menschen ist, weil ohne Herr auch Knecht nicht statt finden kann. Und so ist es auch mit dem Flügel in Ansehung des Vogels beschaffen.

Man muß also dasjenige, worauf die Beziehung eigentlich ist, gehörig ausdrücken.

Hat

Hat dieses Ding einen bestimmten Ausdruck in der Sprache, so ist dieses leicht gethan, wo nicht, so muß man einen der Beziehung angemessenen Namen hinzudenken, woraus sich alsdann ergeben wird, daß alle Beziehung in der That wechselseitig (zwischen beiden Korrelaten) ist.

Die sich auf einander wechselseitig beziehende Dinge scheinen auch in der Natur zu koexistiren. Dieses ist auch von Vielen wahr. Das Doppelte und die Hälfte können nicht ohne einander statt finden. So auch der Herr und der Knecht u. d. gl. Sie heben sich auch einander (in eben demselben Objekt) wechselsweise auf.

Doch scheint dieses nicht bei allen relativen Dingen einzutreffen. Der Gegenstand einer Wissenschaft scheint der Wissenschaft vorherzugehen; denn mehrentheils erlangen wir eine Wissenschaft der Dinge erst nachdem sie zum Daseyn gelangt sind. In wenigen oder gar in keiner (Wissenschaft) sehen wir die Wissenschaft mit ihrem Gegenstand zugleich entstehen.

Diese Ausnahme macht, wie ich dafür halte, nur die Mathematik. Ihre Objekte (Zahlen und Figuren) sowohl, als die Wissenschaft dieser Objekte (der Verhältnisse zwischen den Zahlen und Figuren) werden a priori bestimmt.

ſtimmt. Die Objekte können der Wiſſenſchaft nicht vorhergehen, weil ſie ſelbſt erſt
durch die Wiſſenſchaft, als reelle Objekte
beſtimmt werden. Dahingegen die Objekte
der Erfahrungswiſſenſchaft allerdings als
an ſich beſtimmte Objekte, der Wiſſenſchaft vorhergehen. Die Logik, als die
Wiſſenſchaft von den Formen des Denkens in Beziehung auf ein Objekt überhaupt; die Transzendentalphiloſophie,
als die Wiſſenſchaft von den Formen des
Denkens in Beziehung auf ein Objekt
der Erfahrung, obſchon ſie Wiſſenſchaften a priori ſind, können doch hierin mit
der Mathematik nicht verglichen werden.
Die empyriſchen Objekte, die jenen Wiſſenſchaften ſubſumirt werden, gehen denſelben
eben ſo wie der Erfahrungswiſſenſchaft
voraus. Objekte a priori haben ſie keine
andern, als die Formen des Denkens ſelbſt,
d. h. ſie haben gar keine reelle, nicht bloß
denkbare, ſondern durch gegebene Merkmale erkennbare Objekte a priori.

Ferner: So wird durch Hebung des Ge-
genſtands die Wiſſenſchaft zugleich gehoben,
mit Hebung der Wiſſenſchaft aber wird der
Gegenſtand nicht gehoben. Z. B. die Quadratur des Zirkels, vorausgeſetzt, daß ſie ein Gegenſtand einer Wiſſenſchaft iſt, iſt möglich,
obſchon wir bis jetzt noch keine Wiſſenſchaft
davon erlangt haben. So wird durch Hebung
des lebendigen Thiers (als Subjekt des Be-
wußt-

wußtseyns) alle wirkliche Wissenschaft gehoben,
da doch viele Gegenstände möglicher Wissenschaften noch bleiben. Und so verhält es sich
auch mit den sinnlichen Wahrnehmungen.
Das Zuempfindende scheint der Empfindung
vorherzugehen. Denn ohne das Zuempfindende findet keine Empfindung statt; das
hingegen jenes ohne diese allerdings statt finden kann. Die Empfindung erfordert nämlich etwas Körperliches, das empfunden werden soll.
Durch Hebung der zu empfindenden Eigenschaften aber wird zugleich der Körper gehoben, (denn Körper kann nur durch empfind-
bare Prädikate bestimmt werden) und ohne Körper findet also keine Empfindung statt.

Eine besondere Empfindung setzt eine besondere Beschaffenheit oder Modifikazion des
Körpers, als objektiven Grund der Empfindung, voraus. Dahingegen das empfindende Subjekt keine andere Beschaffenheit voraussetzt, als das Vermögen zu empfinden selbst. Existirten also keine an sich
durch uns ganz unbekannte Beschaffenheiten
bestimmte Objekte, so könnte auch keine Empfindung als Folge jener Beschaffenheiten
statt finden. Dahingegen die Objekte, auch
ohne empfunden zu werden, existiren können.
Sie würden alsdann nicht als durch die empfundenen, sondern als durch gewisse Beschaffenheiten (die der Grund von jenen sind) an
sich bestimmte Objekte existiren. Versteht sich,
daß

daß Aristoteles hier auf den Idealismus
keine Rücksicht nimmt, indem diesem zufolge,
das Empfundene ohne Empfindung eben
so wenig, als diese ohne jenes statt findet,
weil in diesem Systeme die empfundene Objekte in der That bloß durch die ihnen in der
Empfindung beigelegten Beschaffenheiten,
bestimmt werden. Ja hierin hat sogar das
empfindende Subjekt einen Vorzug vor der
Empfindung. Denn ohne ein empfindendes
Subjekt kann keine Empfindung überhaupt
statt finden; dahingegen ohne dieses oder jenes empfindende Objekt, allerdings Empfindung überhaupt statt finden kann.

Ferner: Das Empfindungsvermögen
entsteht zugleich mit dem empfindenden
Thier. Das Zuempfindende aber muß dem
Thier oder der Empfindung vorhergehen.
Denn das Feuer, das Wasser, u. d. gl.
woraus das Thier besteht, muß seinem Daseyn vorhergehen; woraus erhellet, daß das
Zuempfindende der Empfindung vorhergehen kann.

Es ist aber noch einem Zweifel unterworfen, ob eine Substanz nicht in Beziehung
auf etwas ist (was sie ist), ob dieses wenig-
stens nicht bei einigen Substanzen der zweiten Ordnung Statt finden sollte? Denn
in Ansehung der Substanzen der ersten Ordnung ist es gewiß, daß so wenig ihr
Gan-

Ganzes als ihre Theile in Beziehung auf
etwas sind (was sie sind). Ein besonderer
Mensch oder Ochs ist nicht in Beziehung auf
etwas ein besonderer Mensch oder Ochs; und
so ist es auch mit den Theilen. Es heißt nicht
eine besondere Hand, oder ein besonderer
Kopf eines Menschen, sondern Hand oder
Kopf eines Menschen. Eben so verhält es
sich auch mit den Substanzen der zweiten Ord=
nung, zum wenigsten mit den mehrsten. Man
sagt nicht: ein Mensch, ein Ochs, oder das
Holz eines andern, wo dieses nicht bloß ei=
nen Besitz bedeuten soll. Von diesen ist also
offenbar, daß sie nicht zu den Relationen
gehören. In einigen Substanzen der zwei=
ten Ordnung aber kann dieses, wie schon ge=
sagt, noch in Zweifel gezogen werden. Man
sagt z. B. der Kopf oder die Hand eines Men=
schen u. d. gl. Diese können also unter die
Relationen gehören.

Ein Relatum ist ein Ding, dessen Wesen in ei=
ner Relation zu etwas anderem besteht, und
das folglich ohne sein Korrelatum nicht be=
griffen werden kann. Hieraus folgt, daß nur
allgemeine Begriffe Relata seyn können,
und so wenig ein Individuum auf ein ande=
res Individuum, als auf etwas Allgemei=
nes, wie auch ein Allgemeines auf ein In=
dividuum bezogen werden kann.

Der

Der Ausdruck: der Kopf eines Men=
schen bedeutet (außer der zufälligen Bezie=
hung des Besitzes) eine wesentliche Beziehung
des Kopfes, (ohne welche es nicht begriffen
werden kann) auf den Menschen. Denn da
die Theile eines Ganzen durch das Ganze
bestimmt werden, sonst wären sie nicht Theile
dieses Ganzen, so muß der Kopf eines Men=
schen durch den Begriff eines Menschen be=
stimmt, und sein Wesen daraus begreiflich
gemacht werden. Es kommt ihm also dieses
Wesen bloß in Beziehung auf den Menschen
zu. Da auch umgekehrt das Ganze, als ein
besonderes Ganze, durch seine Theile be=
stimmt, und daraus begreiflich gemacht wer=
den kann, so kann man auch umgekehrt sa=
gen: der Mensch des Kopfes, d. h. dasjenige
Ganze, das durch diesen Theil bestimmt
wird.

Der Ausdruck hingegen: Dieser (indivi=
duelle) Kopf dieses (individuellen) Men=
schen hat (wenn er nicht einen bloßen Besitz
bedeuten soll) keine Bedeutung, weil die in=
dividuelle Bestimmungen des Theils und
des Ganzen nicht durch einander bestimmt
und aus einander begreiflich gemacht werden,
und eben so wenig umgekehrt: dieser Mensch
dieses Kopfes. Auf gleiche Art hat auch
dieser Ausdruck: dieser (individuelle) Kopf
eines Menschen (überhaupt) keine Bedeu=
tung, weil aus dem Begriffe eines Men=
schen überhaupt die individuellen Bestim=
mungen dieses Kopfes nicht begreiflich ge=
macht werden können; und so auch: der

Kopf

Kopf (überhaupt) dieses (individuellen)
Menschen. Weil nämlich aus dem Individuellen im Menschen die allgemeine Bestimmungen des Kopfes, als des Kopfes eines
Menschen überhaupt, nicht begreiflich gemacht werden können.

Eben so verhält es sich auch mit den sonst
bekannten Relationen. Der Knecht des
Herrn bedeutet eine Relation, weil man
hier von allen andern Bestimmungen des
Knechts und des Herrn abstrahirt, und die-
nige Bestimmungen beibehält, die sie wechselsweise durch einander erhalten (Knecht,
Herr).

Dahingegen: dieser Knecht des Herrn,
oder der Knecht dieses Herrn, oder gar dieser Knecht dieses Herrn bloß einen Besitz,
nicht aber eine wesentliche Relation bedeuten, weil die andern Bestimmungen des
Knechts und des Herrn, wodurch sie besondere
Dinge sind, sich nicht einander wechselsweise
bestimmen.

Wenn man also die Erklärung der Relata
gehörig einrichtet, wird es sehr schwer, oder
gar unmöglich werden, zu beweisen, daß keine
Substanz in Beziehung auf etwas ist (was
sie ist). Nimmt man es aber mit der Erklärung nicht so genau, sondern versteht unter
Relata bloß solche Dinge, deren Wesen in
nichts anderm bestehet, als daß sie auf irgend
eine Weise auf etwas bezogen werden, so ließe
sich hierüber noch vielleicht etwas sagen. Die
rste

erſte Erklärung kommt zwar allen bezogenen
Dingen zu. Doch iſt es nicht einerlei, wenn
man ſaget: Dinge, deren **Weſen** auf etwas
bezogen wird, oder ſolche, deren **Weſen** bloß
in der **Beziehung** auf etwas beſteht.

Die Theile eines Ganzen beziehen ſich zwar auf
dieſes Ganze, und können dadurch beſtimmt
und begreiflich gemacht werden. Aber können
ſie bloß dadurch und nicht auch an ſich be=
ſtimmt und begreiflich gemacht werden? Wer
von einer Uhr einen Begriff hat, der kann ſich
auch begreiflich machen, warum dieſes oder
jenes Rad dieſe und jene Größe, Beſchaffen=
heit und Lage haben müſſe, Iſt aber deswe=
gen dieſes Rad nicht auch an ſich (wenn man
auch nicht wiſſen ſollte, daß es das Rad einer
Uhr iſt) begreiflich? Allerdings. Das Rad
bezieht ſich alſo (als ein Theil auf ſein Gan=
zes) auf die Uhr. Doch nicht ſo, daß ſein
Weſen bloß in dieſer Beziehung beſtehen ſollte.
Wenn alſo die Erklärung der **Relata** gehörig,
d. h. in ihrer größten Allgemeinheit abge=
faßt worden iſt, ſo daß man auch dieſe Arten
von **Relata** verſteht; ſo wird es ſehr ſchwer,
oder gar unmöglich werden zu beweiſen, daß
keine Subſtanz ein **Relatum** iſt, indem die
gedachten Fälle das Gegentheil davon bewei=
ſen. —

Nimmt man hingegen die Erklärung in
engerer Bedeutung, und denkt unter **Relata**
bloß ſolche Dinge, deren Weſen in einer
Relation beſteht, ſo hat der allgemeine

D   Satz

Satz seine Richtigkeit, daß keine Substanz
ein Relatum in dieser Bedeutung seyn kann,
weil es dem Begriffe einer Substanz widerspricht, daß ihr Wesen nicht an sich bestehen
soll.

Es ist offenbar, daß sobald man bestimmt weiß, daß ein Ding ein Relatum
ist, man auch sein Korrelatum bestimmt wissen muß. Dieses ist auch von jenen ausgemacht. Denn sobald man weiß, daß dieses
Etwas sich auf etwas bezieht, (d. h. auf irgend
eine Weise sich zu etwas verhält,) so weiß
man auch, wozu es sich auf diese Art verhält.
Denn so lange man nicht weiß, wozu es sich
auf irgend eine Weise verhält, weiß man auch
nicht, ob es sich zu etwas auf diese Weise
verhält.

Dieses ist in besondern Fällen offenbar;
z. B. sobald man bestimmt weiß, dieses ist
Doppelt, so weiß man auch bestimmt, wovon
es doppelt ist. Denn so lange man kein bestimmtes Ding angeben kann, wovon jenes
das Doppelte ist, weiß man auch nicht, ob
es überhaupt doppelt als etwas ist? Sobald
man weiß, daß etwas schöner ist, so weiß man
auch bestimmt, als was es schöner ist. Das
unbestimmte Wissen, daß es schöner als das
Häßlichere ist, ist in der That kein Wissen,
sondern ein bloßes Muthmaßen, (indem es das

Aller-

Allerhäßlichſte ſeyn kann). In dieſem Falle
würde es kein Häßlicheres (als das Schö-
nere) geben. Woraus folgt, daß ſobald man
eins der Relaten kennt, man auch das andere
kennen muß.

Nun aber kann Kopf, Hand, u. d. gl.,
welche ſelbſt Subſtanzen ſind, an ſich beſtimmt
erkannt werden. Es iſt aber nicht nothwendig, daß man zugleich erkennt, wem ſie gehören, weil man (aus den bloßen Begriffen oder
Anſchauungen von Kopf, Hand u. ſ. w.) nicht
wiſſen kann, weſſen Kopf, Hand u. d. gl. ſie
ſind. Dieſe ſind alſo keine Relata. Sind
ſie aber keine Relata, ſo können wir dieſen
Satz in ſeiner Allgemeinheit feſtſetzen: keine
Subſtanz gehört unter die Relata. Es
wird vielleicht demjenigen, der nicht oft dieſem
nachgedacht hat, ſchwer fallen, darüber etwas
Gewiſſes zu beſtimmen. Doch iſt es nicht
ohne Nutzen, in beſondern Fällen Unterſuchun-
gen anzuſtellen.

C a p. VI.
Von der Qualität.

Qualität nenne ich dasjenige, wodurch ein
Ding iſt, wie es iſt.

Das

Das Wort Qualität wird auf verschie=
dene Arten gebraucht.

Erstlich bedeutet Qualität Fertigkeit und
Anlage.

Fertigkeit wird von Anlage dadurch un=
terschieden, daß sie dauerhafter und fester als
Anlage ist. Dergleichen (Fertigkeiten) sind
Wissenschaften und Tugenden. Wissen=
schaft (sollte auch jemand nur eine mittelmäßige
Erkenntniß davon erlangt haben) scheint unter
die Dinge zu gehören, die dauerhaft sind,
und nicht eher verlohren gehen können, als
nicht durch eine (im Subjekt) vorgefallene
Veränderung, Krankheit u. d. gl. So ist es
auch mit der Tugend, z. B. Gerechtigkeit,
Mäßigkeit u. d. gl. sind nicht leicht den Ver=
änderungen unterworfen. Anlagen aber
können leicht vernichtet und im kurzen verän=
dert werden. So wie z. B. Wärme und
Kälte, Krankheit und Gesundheit u. d. gl.
Ein Mensch ist zwar empfänglich dafür,
kann aber leicht hierin eine Veränderung lei=
den, aus einem warmen ein kalter, aus einem
gesunden ein kranker (Mensch) werden u. d. gl.
mehr, wo nicht eine dieser Anlagen gleichsam
zur Natur geworden ist, und alsdann als eine
Fertigkeit angesehen werden kann.

Daß unter Fertigkeit dasjenige verstan=
den wird, welches dauerhaft ist, und nicht
leicht

leicht verlohren gehen kann, erhellet daraus, daß man von denjenigen, die eine Wissenschaft nicht recht erlernt haben, und daher dieselbe leicht vergessen, niemals sagt, daß sie (in dieser Wissenschaft) eine Fertigkeit erlangt haben, obschon sie mehr oder weniger Anlage zur Wissenschaft haben. Dieser angegebene Unterschied ist also gegründet.

Alle Fertigkeiten sind zugleich Anlagen; Anlagen hingegen sind nicht immer Fertigkeiten.

Diejenigen, die mit einer Fertigkeit begabt sind, haben auch zugleich eine durch diese bestimmte Anlage nicht aber umgekehrt.

Eine andere Art von Qualität ist ein besonderes Vermögen, wodurch gewisse Menschen z. B. geschickt sind zum Fechten, Laufen, gesund oder krank zu seyn, und überhaupt alles, was ein natürliches Vermögen oder Unvermögen ist Diese Qualitäten bedeuten nicht bloß eine Anlage, sondern ein natürliches Vermögen, etwas leicht zu bewirken, oder (von andern) nicht zu leiden. So heißen nicht diejenigen geschickt zum Fechten oder Laufen, welche eine bloße Anlage dazu haben, sondern die, die ein natürliches Vermögen haben, dieses leicht zu bewirken. Man nennt diejenigen gesunde Menschen, welche ein natürliches Vermögen haben, nichts von äu-

D 3 ßern

 gern Zufällen zu leiden. So wie die, die im Gegentheil von Natur zum Krankseyn dispo= nirt sind, kränkliche Menschen genannt wer= den. Eben so ist es mit hart und weich. Hart ist ein Körper, der ein natürliches Vermögen hat, der Trennung seiner Theile zu wider= stehen; weich aber ist derjenige, dem dieses Vermögen mangelt.

Unter Anlage und Fertigkeit verstehet Aristo= teles kein positives Vermögen, sondern eine bloße Empfänglichkeit des Subjekts für eine positive Qualität. Auch der am wenigsten zur Musik oder Mahlerei Talent hat, hat doch eine Anlage dazu, die durch Uebung zur Fertigkeit werden kann, ob er es schon dadurch nie so weit bringen kann als derjenige, der ein besonderes Talent dazu hat. Ein po= sitives Vermögen zu etwas ist also weit mehr, als eine bloße Empfänglichkeit dafür. Beide aber können mit gleichem Rechte auf den Na= men Qualität Anspruch machen.

Die dritte Art der Qualitäten sind Qua= litäten und Zustände des Leidens. Jene sind z. B. das Süße, Bittere u. d. gl., so auch Wärme, Kälte, Schwärze, Weiße. Daß diese Qualitäten sind, ist offenbar, weil die Dinge, die sie annehmen, in Ansehung ihrer Beschaffenheit nach sie benannt werden. Z. B. Honig ist süß, weil er die Süßigkeit, ein Kör=

per

per iſt weiß, weil er die weiße Farbe angenom=
men hat, u. d. gl.

Sie werden aber nicht deswegen Qualitä=
ten des Leidens genannt, weil die Dinge, die
ſie annehmen, dadurch etwas leiden. Der
Honig iſt nicht deßwegen ſüß, weil er etwas ge=
litten hat, u. d. gl. So heißen auch Wärme,
Kälte, u. ſ. w. nicht deswegen Qualitäten des
Leidens, weil die Dinge, die ſie annehmen,
dadurch etwas leiden, ſondern bloß, weil die
Sinne dadurch leiden (afficirt werden);
Süßigkeit iſt ein Leiden des Geſchmacks;
Wärme ein Leiden des Gefühls u. d. gl.

Wenn der Grund einer Veränderung nicht in
dem veränderten Subjekt, ſondern in etwas
außer demſelben liegt, ſo iſt dieſe Veränderung
keine Handlung, ſondern ein Leiden des
Subjekts. Eine Empfindung iſt daher in
Anſehung des, ſie veranlaſſenden körperlichen
Eindrucks in den Organen, ein Leiden des
Subjekts, das aber auf das ſie veranlaſſende
Objekt bezogen wird. Z. B. der Honig iſt
ſüß, heißt, die Empfindung des Süßen im
Subjekte iſt ein durch den Honig veranlaßtes
Leiden u. d. gl.

Das Weiße und Schwarze, wie auch alle
andere Farben, werden nicht auf die Art, wie
die vorerwähnten, Qualitäten des Leidens ge=
nannt, ſondern weil ſie aus einem Leiden ihren
Urſprung nehmen. Daß viele Veränderungen

der

der Farben durch ein Leiden hervorgebracht
werden, ist offenbar. Die Schaam bringt ein
Errörhen, und der Schreck ein Erblassen hervor. Wer also von Natur mit einem dergleichen Leiden behaftet ist, wird eben dieselbe Farbe
haben. Denn eben dieselbe Einrichtung des
Körpers, die in gedachten Umständen (auf eine
zufällige Art) entsteht, und eine gewisse Farbe
zur Folge hat, kann auch als eine natürliche
Einrichtung eben dieses bewerkstelligen.

Die Empfindungen des Gesichts (des Lichts und
der Farben) hält Aristoteles für kein Leiden
in der Bedeutung, wie die der andern Sinne
ein Leiden heißen; weil man bei der Empfindung von Licht und Farben sich keines unmittelbaren körperlichen Eindrucks bewußt ist.
Er nennt dieselbe ein Leiden in ganz anderer
Rücksicht, weil nehmlich diese Empfindungen
durch ein vorhergegangenes zufälliges Leiden
hervorgebracht werden können.

Allemal also, wenn diese ausdauernden
und nicht leicht veränderlichen Arten des Leidens
ihren Ursprung nehmen, werden sie Qualitäten
des Leidens genannt. Denn so wie die aus
einer natürlichen Einrichtung entspringende
blasse und schwarze Farbe Qualitäten heißen,
weil sie die Beschaffenheit der Dinge bestimmen,
so können auch dieselben, wenn die blasse oder
schwarze Farbe aus einer langwierigen Krankheit

heit oder Verbrennung entstehet, so daß sie nicht leicht wegzuschaffen und das ganze Leben hindurch bleibend ist, gleichfalls Qualitäten genannt werden, indem sie gleichfalls die Beschaffenheit der Dinge bestimmen.

Entspringen sie hingegen aus solchen Arten des Leidens, die leicht vorübergehen, alsdann werden sie nicht Qualitäten, sondern bloße Leiden genannt, weil die Dinge dadurch in ihrer Beschaffenheit nicht bestimmt werden.

Man heißt nicht denjenigen einen rothen Menschen, der aus Schaam erröthet, oder denjenigen einen blassen, der vor Furcht erblaßt; sondern man sagt vielmehr, ein solcher Mensch leidet etwas.

So giebt es auch in Ansehung der Seele Qualitäten des Leidens und bloße Leiden. Diejenigen, die ihrer Entstehung nach aus nicht leicht veränderlichen Ursachen entspringen, heißen Qualitäten, wie z. B. Narrheit und Jähzorn u. d. gl. weil die damit behafteten Jähzornige und Narren genannt werden; und so ist es auch mit andern unnatürlichen Verirrungen des Gemüths beschaffen, die aus gewissen Zufällen entspringen, und nicht leicht oder gar nicht gehoben werden können. Sie werden Qualitäten genannt, weil sie die Beschaffenheit des Gemüths bestimmen. Diejenigen hingegen, die aus zufälligen und leicht vorübergehenden

Ur-

Urſachen entſpringen, heißen bloße Leidenſchaf=
ten. Man ſagt z. B. nicht von einem, der
aus übler Laune in Zorn ausbricht, er iſt jäh=
zornig, ſondern bloß, er iſt in einem leiden=
ſchaftlichen Zuſtande. Dieſe ſind alſo bloße
Leidenſchaften und keine Qualitäten.

Die vierte Art von Qualitäten macht die
Figur und **Form** eines Dings aus; auch
die Gradheit, Schiefheit u. d. gl., denn da=
durch wird gleichfalls die Beſchaffenheit des
Dinges beſtimmt. Dreieckigtſeyn und Vier=
eckigtſeyn iſt eine Beſchaffenheit, ſo auch gerade
und ſchief, und überhaupt alles, was zur
Form eines Dinges gehört. Dahingegen
dünn und dicht, rauh und glatt ſcheinen bloß
gewiſſe Qualitäten zu bezeichnen, ſind es aber
nicht. Sie bezeichnen vielmehr gewiſſe Lagen.
Ein Körper iſt dicht, wenn ſeine Theile nahe
an einander ſind; dünn, wenn ſie von einan=
der abſtehen; glatt wenn ſie in einer geraden
Richtung neben einander ſind; rauh, wenn ſie
Erhöhungen und Vertiefungen zulaſſen.

Es kann vielleicht ſich noch eine andere Art
Qualitäten zeigen, die vorerwähnten aber ſind
ſolche, die mehrentheils dafür gehalten werden.
Dieſe ſind alſo Qualitäten. Die Quala ſind
ſolche, die die Qualitäten erhalten, und nach
ihnen benennt werden. Die mehreſten darunter,
ja vielleicht Alle werden denominative nach
ihnen

ihnen benannt. So heißt ein Ding weiß nach
der Qualität des weiſſen, ein Menſch Grammatiker nach der Grammatik, und gerecht nach
der Gerechtigkeit u. b. gl. Einige aber, deren Qualitäten keine Namen haben, werden
auch nicht benominative nach ihnen benannt.
Ein zum Laufen oder Fechten geſchickter Menſch
wird zwar durch dieſe natürliche Vermögen
beſtimmt, aber nicht benominative, weil dieſe
Qualitäten ſelbſt noch keinen Namen erhalten
haben. Dahingegen dieſe Künſte (des Fech-
tens und Laufens) Namen haben, und die
darin erfahrenen denominative nach ſie benannt
werden z. B. Fechter von Fechtkunſt u. b. gl.
Zuweilen hat die Qualität zwar einen Namen,
und dennoch wird das Quale nicht denominative darnach benennt. So iſt z. B. die Qualität virtus und deren Quale honeſtas u. b. gl.
Dieſes ereignet ſich aber ſelten. Quala heißen
alſo ſolche Dinge, die nach den Qualitäten benannt werden; bieſes mag denominative oder
auf irgend eine Weiſe geſchehen.

Bei den Qualitäten findet auch Entgegenſetzung ſtatt. So iſt Gerechtigkeit der Ungerechtigkeit das Weiſſe, dem Schwarzen entgegengeſetzt. Eben ſo verhält es ſich mit den
nach ihnen benannten Qualen, der Rechtſchaf-
fene iſt dem Ungerechten, der Weiſſe dem
Schwarzen entgegengeſetzt.

Die-

Dieses trifft aber nicht überall ein; dem Rothen, Blassen u. d. gl. ist nichts entgegengesetzt, obschon diese auch Qualitäten sind.

Ferner. Wenn eines der Entgegengesetzten eine Qualität ist, so muß auch das andere eine Qualität seyn. Wenn z. B. Gerechtigkeit der Ungerechtigkeit entgegen gesetzt, jene aber eine Qualität ist, so muß auch diese eine Qualität seyn. Denn zu keiner andern Kathegorie kann Ungerechtigkeit gehören. Sie ist keine Größe, kein Relatum, kein Ort u. d. gl. Sie ist also nichts anders als eine Qualität. Und so ist es auch mit allen Entgegensetzungen der Qualität beschaffen.

Die Qualitäten lassen auch ein Mehr und Weniger zu. Ein Ding kann mehr oder weniger weiß, ein Mensch kann mehr oder weniger rechtschaffen seyn u. d. gl. Dieses gilt aber nicht von allen, sondern bloß von den mehresten. Daß Gerechtigkeit des Mehr und Weniger fähig ist, kann noch immer bezweifelt werden; und so auch in Ansehung anderer Dispositionen.

Einige wollen nicht zugeben, daß Gerechtigkeit, Gesundheit u. d. gl. an sich des Mehr und Weniger fähig ist, sondern bloß, daß der eine Mensch mehr oder weniger gerecht oder gesund als der andere ist. So giebt es in der Grammatik an sich kein Mehr oder Weniger,

wohl

wohl aber kann der eine Mensch ein besserer Grammatiker seyn als der Andere, u. d. gl. Ein Dreieck, Viereck oder irgend eine andere Figur nimmt auch kein Mehr und Weniger an. Alle diejenige Dinge, denen die Erklärung des Dreieckes und des Zirkels zukommt, sind auf gleiche Weise Dreiecke und Zirkel. Dinge, denen eine gewisse Erklärung nicht zukommt, sind nicht mehr oder weniger (das erklärte Ding); ein Viereck ist nicht mehr Zirkel als ein Oblongum, weil die Erklärung des Zirkels so wenig dem einen als dem andern zukommt. Folglich sind nicht alle Qualitäten des Mehr und Weniger fähig.

Gerechtigkeit besteht in Befolgung eines allgemeinen Vernunftgesetzes, das vermöge seiner Form, ohne Rücksicht auf das Objekt der Handlung dieselbe a priori bestimmt. Diese Form ist aber eine untheilbare Einheit, die kein Mehr und Weniger zuläßt. Man kann daher nicht sagen, die eine Handlung der Gerechtigkeit ist mehr oder weniger Handlung der Gerechtigkeit, als die andre, sondern bloß der eine Mensch ist mehr oder weniger gerecht, als der andere, nachdem als jener mehrere oder wenigere, schwerere oder leichtere Handlungen der Gerechtigkeit ausübt, als dieser.

Eben so verhält es sich mit den Figuren, (abstrahirt von der Größe) die gleichfalls durch eine Regel a priori in ihrem Wesen bestimmt sind. Man möchte vielleicht glauben, daß ein

Quar

Quadrat, als eine regulaire Figur, dem Zirkel näher kommt, als ein Oblongum; es
verhält sich aber nicht so. In Ansehung des
Geschlechtsbegriffs regulaire Figur) kommt
das Quadrat allerdings dem Zirkel näher, als
das Oblongum. In Ansehung der Differentia specifica aber, wodurch ein jedes derselben
in seiner Art bestimmt wird, kommt das Quadrat dem Zirkel nicht näher, als das Oblongum.

Keines dieser Merkmale der Qualitäten
aber ist ihnen eigenthümlich.

Dahingegen ähnlich und unähnlich nur
von Qualitäten gebraucht werden. Ein Ding
kann dem andern in nichts anders ähnlich
seyn, als in irgend einer Beschaffenheit. Es
ist also den Qualitäten eigenthümlich, daß
man bloß in Ansehung ihrer, von den Dingen
sagen kann, daß sie ähnlich oder unähnlich
sind.

Man muß uns aber die Einwendung nicht
machen, daß wir hier, wo wir von den Qualitäten handeln, dennoch vieles von den Relationen eingemengt haben; indem wir Fertigkeiten und Anlagen die wir hier als Qualitäten behandelt, schon für Relationen erklärt
haben. Denn die Geschlechter beinahe aller
dieser Qualitäten sind in der That Relationen, aber keine derselben insbesondere. Wissenschaft z. B. als Geschlechtsbegriff ist das,

was

was sich auf etwas (als ihrem Gegenstand) beziehet; eine jede besondere Wissenschaft aber ist
nicht das was sie ist, bloß in Beziehung auf
etwas. Es heißt nicht die Grammatik, die
Musik eines (Etwas) Doch können auch diese,
dem Geschlechte nach, auf etwas bezogen seyn,
wenn es nicht heißt die Grammatik, die Musik,
eines (Etwas), sondern die Grammatik, die
Musik ist Wissenschaft eines (Etwas). Die
besondern Wissenschaften gehören also nicht
unter die Relationen; wohl aber werden wir
als Quala durch besondere Wissenschaften bestimmt, indem wir diese besitzen, und nach
denselben benannt werden. Diese sind also
gleichfalls Qualitäten, gehören also nicht zu
den Relationen.

Sollte sich aber finden, daß eben dasselbe
Ding ein Quale und ein Relatum zugleich ist,
so wird es gar nicht ungereimt seyn, dasselbe
unter beide Klassen zu bringen.

C A P. VII.

Von Handeln, Leiden und den übri-
gen Kathegorien.

––––––

Handeln und Leiden sind auch der Entgegensetzung fähig. Erwärmen und Kaltmachen,
so

so wie erwärmt und kaltwerden, sich erfreuen und betrüben sind einander entgegengesetzt.

Sie sind auch des Mehr und Weniger fähig. Es kann etwas mehr und weniger warmmachen und erwärmt werden. Ein Mensch kann sich mehr und weniger betrüben u. d. gl. Handeln und Leiden nehmen also ein mehr und Weniger an. So weit von diesem.

Von dem was eine Lage ist, haben wir schon in der Lehre von den Relationen gehandelt, wie auch von dem was denominative nach den besondern Lagen benannt wird.

Von den übrigen Kathegorien dem Wann, Wo, Haben (Besitz) haben wir, da sie bekannt genug sind, nichts mehr zu sagen, als was schon anfangs davon gesagt worden ist. Haben heißt bekleidet, bewaffnet seyn. Wo? z. B. im Lyceum, auf dem Markt, und was noch sonst davon gesagt worden ist. Die gedachten Arten sind also von uns hinlänglich behandelt worden.

Cap. VIII.

Von den Entgegengesetzten.

Wir wollen nun von dem Entgegengesetzten handeln, und auf wie vielerlei Arten Dinge einander entgegen gesetzt werden, bestimmen.

Ein

Ein Ding kann einem andern auf viererlei
Arten entgegengesetzt werden, als Beziehung,
als (reelle) Entgegensetzung, als Haben und
Beraubung, und endlich als (logische) Bejahung und Verneinung. Das Doppelte und
die Hälfte sind entgegengesetzte Beziehungen.
Das Gute und und Böse sind in einer (reellen)
Entgegensetzung. Das Sehen und die Blindheit
sind als ein Haben und eine Beraubung entgegengesetzt. Die Aussagen: jemand sitzt, und
er sitzt nicht, sind (logisch) als Bejahung
und Verneinung einander entgegengesetzt. Die
in einer Beziehung entgegengesetzten Dinge sind
was sie sind, bloß in Beziehung auf ihr Entgegengesetztes, oder werden sonst darauf bezogen. Das Doppelte ist das Doppelte der
Hälfte. Die Wissenschaft ist ihrem Gegenstande
in einer Beziehung entgegengesetzt. Die Wissenschaft ist Wissenschaft des Gegenstands, so
wie der Gegenstand wieder ein Gegenstand der
Wissenschaft ist. Sie werden also als Beziehungen einander entgegengesetzt, und sind was
sie sind in Beziehung auf ihr Entgegengesetztes.
Von den in einer reellen Entgegensetzung stehenden Dingen aber kann nicht gesagt werden,
sie sind, was sie sind, bloß in wechselseitiger
Beziehung auf ihr Entgegengesetztes. Das
Gute ist nicht das Gute des Bösen, sondern
demselben entgegengesetzt. (So ist auch nicht

E   das

das Weiße das Weiße des Schwarzen, sondern demselben entgegengesetzt). Diese Arten der Entgegensetzung sind also von einander verschieden.

Die Eintheilung der Entgegensetzung (Opposition) in vier Arten ist sehr gegründet. Die Glieder eines Verhältnisses, die zwar verschieden von einander sind, aber dennoch sich einander wechselseitig erklären, und ohne einander nicht begriffen werden können, sind in einer Relations = Entgegensetzung. Der Satz, wodurch dieses Verhältniß ausgedrückt wird, ist ein Mittelding zwischen den analytischen und synthetischen Sätzen. Er ist, wenn ich mich so ausdrücken darf, analytisch = synthetisch. Von dieser Art ist z. B. dieser Satz: Eine jede Ursache hat eine Wirkung. Ursache kann ohne Wirkung nicht gedacht werden. Dieser Satz ist also in so fern analytisch; und doch sind Ursache und Wirkung nicht einerlei — er ist also in so fern synthetisch; und so ist es auch mit allen Relations = Entgegensetzungen beschaffen.

Eine Realität (nicht bloß logische Bejahung) und ihre Negation (nicht bloß logische Verneinung) an sich ohne Beziehung auf irgend ein Subjekt, dem sie beide gleich möglich sind, sind in einer reellen Entgegensetzung, z. B. das Daseyn und das Nichtseyn (von einem Dinge überhaupt, nicht aber von einem bestimmten Dinge, weil sie in diesem Falle nicht als Realität und Negation, son-

ſondern als Habitus und Privation einan⸗
der entgegengeſetzt ſind).

Das Sehen und die Blindheit ſind in
Beziehung auf das Subjekt, dem ſie beide
gleich möglich ſind, als Habitus und Priva⸗
tion entgegengeſetzt.

A iſt B, oder A iſt nicht B, iſt eine logiſche
Entgegenſetzung. Hier wird nicht ein Objekt
oder Begriff dem andern, ſondern ein Urtheil
dem andern entgegengeſetzt.

Die Relations⸗ ſowohl als die logiſche
Entgegenſetzung laſſen keine Priorität unter
den Gliedern zu; in der Relationsentgegen⸗
ſetzung von Herr und Knecht hat der Herr
(abſtrahirt von allem, was nicht zu dieſer
Beziehung gehört) keine Priorität vor dem
Knechte, oder dieſer vor jenem. Beider We⸗
ſen beſtehet in der Relation, und ſie ſind, in
ſo fern, ohne einander nicht denkbar. Eben
ſo wenig hat ein bejahender Satz eine Prio⸗
rität vor dem Verneinenden, oder dieſer vor
jenem.

Die beide Arten der Realentgegenſetzung
(an ſich, oder in Beziehung auf ein Sub⸗
jekt laſſen hingegen eine Priorität unter den
Gliedern zu, ſo daß, obſchon beide Glieder
eben derſelben Entgegenſetzung ſind, ſie ſich
doch darin unterſcheiden, daß das eine, we⸗
gen ſeiner Priorität, ein ſolches Relatum iſt,
das zwar ſich auf ſein Correlatum bezieht, aber
dennoch auch an ſich außer der Beziehung denk⸗
bar iſt, das andere hingegen ein ſolches, deſſen
Weſen bloß in der Beziehung beſtehet Licht
und Finſterniß z. B. ſind als Realität und

Re⸗

Negation einander entgegengesetzt. Das
Licht kann aber auch an sich, ohne Beziehung
auf die Finsterniß, diese aber nicht ohne jenes
gedacht werden, und eben so verhält es sich
mit dem Sehen und der Blindheit, wenn man
nicht auf diese Erscheinungen an sich, sondern
auf ihren Grund Rücksicht nimmt, u. d. gl.
Daher führt Aristoteles mit Bedacht das
Beispiel an: Das Gute ist nicht das Gute
des Bösen, um dadurch zu beweisen, daß
das Wesen des Guten nicht bloß in seiner Beziehung auf das Böse bestehet. Er nimmt sich
aber in Acht, auch das Umgekehrte davon zu
behaupten, daß nämlich das Böse nicht das
Böse des Guten ist, weil (wenn man auf den
Grund des Guten und Bösen Rücksicht nimmt)
indem das Gute immer eine Realität, und
das Böse seine Negation zum Grunde hat,
in der That das Wesen des Bösen, als ein
solches, bloß in seiner Beziehung (als Verneinung) auf das Gute bestehet.

Diejenige Entgegengesetzte die der Natur
eines Objekts gleich möglich sind, und wovon eines demselben wirklich zukommen muß,
haben kein Mittel. Ists hingegen nicht nothwendig, daß eins von Beiden einem Objekte
zukomme soll, so läßt sich zwischen ihnen ein
Mittel angeben. Z. B. Krankheit und Gesundheit sind einem thierischen Körper gleich
möglich. Auch muß sich der Körper nothwendig in einem dieser beiden Zustände befinden.
So sind das Gerade und ungerade gleich
mög-

mögliche Prädikate einer Zahl, auch muß eine jede Zahl entweder gerade oder ungerade seyn. Diese haben also kein Mittel. Es giebt kein Mittel zwischen Krankheit und Gesundheit; zwischen gerade und ungerade. Dahingegen sind weiß und schwarz zwar in der Natur eines Körpers gleich möglich; es ist aber nicht nothwendig, daß eines derselben dem Körper wirklich zukommen soll. Nicht jeder Körper ist entweder weiß oder schwarz. So werden auch tugendhaft und lasterhaft von Menschen und andern Dingen (Handlungen) prädizirt. Es ist aber nicht nothwendig, daß eine derselben diesen Objekten wirklich beigelegt werden soll. Nicht alles ist entweder tugendhaft oder lasterhaft, sondern es giebt ein Mittel zwischen beiden. Zwischen dem Weissen und Schwarzen ist das Aschgraue. Zwischen dem Tugendhaften und Lasterhaften ist das, was nicht tugendhaft und nicht lasterhaft ist, das Mittel.

Hier ist der Ort, wo ich die reelle Entgegensetzung des Aristoteles in einer weitern Bedeutung nehmen muß, als von mir bisher geschehen ist. Entgegensetzung kann entweder als die bekannte logische Form der Urtheile: Bejahung und Verneinung, oder als eine eigene Form betrachtet werden. Im ersten Falle werden Dinge in einer reellen Entgegensetzung gedacht, dadurch, daß das eine als Objekt an sich der Form der Bejahung, das andere aber der Form der Verneinung subsu-

mirt

mirt wird. Ein jedes bestimmte Glied ist auch in Ansehung seiner Subsumtion bestimmt, und kann mit dem andern nicht verwechselt werden.

Licht und Finsterniß z. B. werden einander dadurch entgegengesetzt, daß jenes (seinem Inhalte nach) der Form der Bejahung subsumirt wird, und daher als ein reelles Objekt betrachtet, diese aber der Form der Verneinung subsumirt, und daher als eine bloße Hebung von jenen betrachtet wird. Sie können nicht mit einander verwechselt werden. Logisch ist zwar Licht so gut Hebung der Finsterniß, als Finsterniß Hebung des Lichts ist. Reel hingegen kann bloß Finsterniß als Hebung des Lichts betrachtet werden, nicht aber umgekehrt.

Entgegensetzung kann aber auch als eine eigene Form betrachtet werden, so daß, ohne erst die Glieder der Form der Bejahung und Verneinung zu subsumiren, man sie unmittelbar der Form der Entgegensetzung subsumirt. Diese Voraussetzung ist bei einigen Arten der Entgegensetzung nothwendig, z. B. das Weiße und das Schwarze werden nicht dadurch einander entgegengesetzt, daß das Eine unter der Form der Bejahung, und als Realität das andere aber unter der Form der Vereinigung, und daher bloß als die Hebung von jenen betrachtet wird. Denn das Schwarze ist keine bloße Hebung des Weißen. Sie müssen also unmittelbar einander entgegengesetzt werden. Eben so kann es sich mit dem Guten und Bösen verhalten, indem es noch nicht ausgemacht ist, daß das Böse eine

bloße

bloße Hebung des Guten, und nicht etwas positives an sich ist. Ja was noch mehr, die Realität der Form der Entgegenſeßung an sich (unabhängig von der logischen Bejahung und Verneinung) beweiſt die Bemerkung, daß ſelbſt die Formen der Bejahung und Verneinung die der Entgegenſeßung vorausſeßen, indem Bejahung und Verneinung ſelbſt einander (als Objekte betrachtet, entgegengeſeßt werden.

So wenig die logiſche, als die derſelben ſubſumirte Entgegenſeßung, laſſen ein Mittel zu. Nur die von mir ſogenannte unmittelbare Entgegenſeßung läßt ein Mittel zu.

Eine Handlung, die aus Principien der Tugend gegen die Neigung vorgenommen wird, iſt eine tugendhafte. Diejenige, die aus Neigung, wider die Principien der Tugend, vorgenommen wird, iſt eine laſterhafte. Diejenige aber, die zwar aus Neigung, aber doch nicht wider die Principien der Tugend iſt, (indem zufälliger Weiſe die Neigung mit denſelben übereinſtimmt,) iſt weder tugendhaft noch laſterhaft, ſondern gleichgültig.

In einigen (Entgegenſeßungen) haben dieſe Mittel eigene Namen, z. B. das Mittel zwiſchen weiß und ſchwarz wird das Aſchfarbige, oder ſonſt nach einer andern Farbe genannt. In einigen hingegen wird ſich ſchwerlich ein Name finden, wodurch die Mittel ausgedruckt werden können. Dieſe Mittel können alſo

E 4

bloß

bloß durch Verneinung beider Extreme ange=
deutet werden, z. B. was nicht gut nicht böse,
nicht gerecht und nicht ungerecht ist. Berau=
bung und Wirklichkeit sind eben demselben
Objekt gleich möglich; so wie das Sehen und die
Blindheit dem Auge. Ueberhaupt werden sie
auch von allem dem gebraucht, was eine reelle
Bestimmun annehmen kann. Beraubung wird
von demjenigen gebraucht, das seiner Natur
nach etwas (reelles) annehmen konnte und sol=
te, wenn dieses Etwas nicht wirklich ist.

Wir nennen nichts ohnzähnigt oder blind,
bloß weil es keine Zähne oder Augen hat, son=
dern dasjenige was seiner Natur nach Zähne
und Augen haben soll (ein lebendiges Thier)
und nicht hat. Dinge hingegen, die von ih=
rer Entstehung an keine Zähne und Augen ha=
ben, nennen wir nicht ohnzähnicht oder blind.

Mit etwas begabt, und dessen beraubt zu
seyn, aber ist nicht dieses Etwas (Realität)
und seine Beraubung selbst. Das Gesicht ist
Etwas (Realität) Blindheit ist die Beraubung
desselben. Das Gesicht haben aber ist nicht
das Gesicht selbst, so wie Blindseyn nicht
Blindheit selbst ist. Blindheit ist eine Be=
raubung; Blindseyn hingegen ist das Be=
raubtseyn, nicht aber die Beraubung. Wä=
ren diese beide einerlei, so müßten sie von eben
demselben Subjekt prädizirt werden. Nun
aber

aber wird Blindseyn von einem Menschen prädizirt, keineswegs aber Blindheit.

Doch scheint es, daß auch etwas haben und dessen beraubt seyn eben so wie dieses Etwas und die Beraubung selbst einander entgegengesetzt sind. Denn die Art der Entgegensetzung ist in beiden einerlei So wie Blindheit dem Gesichte, so werden auch das Blindseyn und das Gesichthaben wechselweise einander entgegengesetzt.

Auch ist nicht das was bejaht und das was verneinet wird die Bejahung und die Verneinung selbst. Denn Bejahung und Verneinung betreffen die Aussage; was bejahet und verneint wird betrifft nicht die Aussage, sondern die Sachen selbst.

Doch sind auch diese einander entgegen gesetzt, denn die Art der Entgegensetzung ist eben dieselbe; so wie zuweilen die Bejahung und Verneinung einander (in der Aussage) entgegengesetzt sind, z. B. (die Aussage) jemand sitzt, und (die Aussage) er sitzt nicht, so ist auch das Sitzen und Nichtsitzen selbst einander entgegengesetzt.

Daß aber das Etwas (die Realität) und dessen Hebung nicht als Relata einander entgegengesetzt sind, ist offenbar. Denn keine von beiden ist (was sie ist) bloß in Beziehung auf die ihr entgegengesetzte. Das Gesicht ist nicht

das

das Geſicht der Blindheit. So kann man auch nicht ſagen die Blindheit iſt Blindheit des Geſichts, ſondern bloß Beraubung deſſelben.

Die Blindheit, obſchon ſie (in Anſehung ihres Grunds) eine bloße Beraubung des Geſichts iſt, wird doch (als Erſcheinung an ſich) wie der Name anzeigt, als etwas poſitives betrachtet.

Ferner, alle Relata ſind es wechſelsweiſe; wäre alſo die Blindheit bloß in Beziehung aufs Geſicht, ſo müßte es auch umgekehrt ſeyn. Man ſagt aber nicht das Geſicht der Blindheit.

Daß aber auch das was etwas hat, und das was deſſen beraubt iſt, nicht als Contraria (das einem Dinge weſentliche und deſſen Aufhebung) einander entgegengeſetzt ſind erhellet daraus: von den Contrarien die kein Mittel zulaſſen, muß eines derſelben dem Objekte, von dem ſie prädizirt werden, beſtändig zukommen. Denn nur da findet kein Mittel ſtatt, wo eins derſelben dem Objekte beſtändig zukommen muß, z. B. Krankheit und Geſunheit, Gerade und Ungerade. Von denjenigen aber die ein Mittel zulaſſen, iſt nicht nothwendig, daß eines derſelben dem Dinge (beſtändig) zukommen ſoll. Nicht alles was weiß oder ſchwarz ſeyn kann, muß beſtändig weiß oder ſchwarz ſeyn; auch nicht warm oder kalt, weil es zwiſchen dieſen ein

ein Mittel geben kann und so findet auch umge:
kehrt bei solchen ein Mittel statt, bei denen es
nicht nothwendig ist, daß eines derselben dem
Objekte beständig zukommen soll. Dieses gilt
nur von solchen Objekten, denen das eine ihrer
Natur nach zukömmt, so wie die Wärme dem
Feuer, und die Weiße dem Schnee.

Diesen muß eines (der Entgegengesetzten)
auf eine bestimmte Art zukommen, nicht bloß
zufälligerweise. Es ereignet sich nie, daß
das Feuer kalt, und der Schnee schwarz seyn
sollte. Es ist also nicht nothwendig, daß ei:
nes der Kontrarien dem Objekte beständig zu:
komme, außer, wo dieses, auf eine bestimm:
te Art, demselben seiner Natur nach zu:
kömmt. Alle diese Merkmale finden aber
beim Haben und dessen Beraubung nicht
statt. Es ist nicht nothwendig, daß eines von
beiden einem Objekte das beider empfänglich
ist, beständig zukommen soll; denn von dem
was noch nicht geschickt gemacht worden ist,
das Gesicht zu erhalten, kann nicht gesagt wer:
den daß es das Gesicht habe, oder blind sey.
Sie sind also nicht von der Art Kontrarien, die
kein Mittel zulassen; sie sind aber auch nicht
von der Art derjenigen, die ein Mittel haben.
Denn dasjenige was beider empfänglich ist,
muß einmal eines von beiden wirklich anneh:
men. Sobald als das was des Gesichts und

der

der Blindheit empfänglich ist, zum Gesicht ge=
schickt gemacht wird, muß es entweder das
Gesicht wirklich haben oder blind seyn, eines
von beiden bestimmt, aber unbestimmt welches
von beiden. Von den Kontrárien hingegen
die ein Mittel zulassen, ist es gar nicht nöthig,
daß eines derselben (mit Ausschließung des
Mittels) dem Objekte zukommen soll. Dieses
gilt nur von einigen Arten derselben, und in
diesen kommt dem Objekte eines auf eine be=
stimmte Art (mit Ausschließung seines Entgegen=
gesetzten) zu.

Eine Realität und ihre Hebung an sich, (ohne
Beziehung auf ein, beider empfängliches Sub=
jekt) sind außer allem Zweifel Contraria, die
kein Mittel zulassen. Dahingegen von Ha=
bitus und Privatio, d. h. einer Realität
und ihrer Hebung nicht an sich, sondern in
Beziehung auf ein, beider empfängliches
Subjekt, behauptet Aristoteles, daß sie nicht
zu den Contrarien gehören. Denn sie können
nicht solche Contraria seyn, die kein Mittel
zulassen, weil sonst eines von beiden dem
Subjekte beständig zukommen müßte. Da=
hingegen dem Objekte, das eines Habitus
und seiner Privatio, nach gehöriger Vorbe=
reitung, empfänglich ist, vor dieser Vorberei=
tung keines von beiden zukommen muß. Sie
können auch nicht zu der Art Contraria ge=
hören, die ein Mittel zulassen; denn in dem
Falle, daß keines dieser Contrarien dem Ob=
jekte wesentlich zukömmt, ist es nicht noth=
wen=

wendig, daß eines von beiden demselben je
zukommen sollte, dahingegen von Habitus
und Privatio, nachdem das Objekt beider empfänglich gemacht worden ist, eines demselben
nothwendig zukommen muß. In dem Falle,
daß eines der Contrarien dem Objekte wesentlich zukömmt kann, nur dieses, nicht aber
sein Entgegengesetztes demselben zukommen;
dahingegen von Habitus und Privatio bloß
eines, aber unbestimmt welches, dem Objekte
zukommen muß.

Hieraus erhellt, daß Haben und die Beraubung nicht als Contraria entgegengesetzt
sind.

Außerdem können Contraria nach gehöriger Vorbereitung des Objekts wechselseitig in
einander übergehen. Ausser wenn das eine
derselben der Natur des Objekts nothwendig
ist, so wie die Wärme dem Feuer; die Weiße
dem Schnee. Denn ein Gesunder kann krank,
ein weisses Ding kann schwarz, ein kaltes kann
warm werden (wie auch umgekehrt), ein Tu-
gendhafter kann lasterhaft, und ein Lasterhaf-
ter tugendhaft werden. Bei dem Haben und
Beraubtseyn aber findet kein wechselseitiger
Uebergang statt. Ein Ding kann vom Haben
(einer Realität) zur Beraubung (derselben)
nicht aber umgekehrt verändert werden. Wer
blind (des Organs des Gesichts beraubt) geworden

ben ift, fann nicht wiederum das Geficht erhal=
ten u. b. gl.

Die Ordnung in der Folge der Contraria auf
einander ift unbeftimmt. Dahingegen die
Ordnung in der Folge von Habitus und
Privatio ift beftimmt, daß nämlich jenes
beftändig vorhergeht, und diefe darauf folgt,
nicht aber umgefehrt. Habitus folgt nicht
auf Privatio, fondern auf einen Zuftand, der
nicht Habitus, nicht Privatio ift (auf den
Zuftand der Unempfänglichkeit des Subjekts
zu keines von beiden) Privatio hingegen folgt
immer auf Habitus.

Was als Bejahung und Verneinung (in
der Ausfage) entgegengefetzt wird, wird nach
keiner der vorerwähnten Arten entgegengefetzt.
Denn von diefen muß immer das eine (der Ent=
gegengefetzten) wahr, und das andere falfch
feyn, von den Contrarien hingegen ift es nicht
nothwendig daß immer das Eine wahr und das
Andere falfch feyn foll. Eben fo wenig ift von
den Entgegengefetzten der Relation und das
reelle Setzen und der Beraubung nothwendig,
daß das eine davon wahr und das andere
falfch feyn foll. So wenig Gefundheit als
Krankheit ift an fich wahr oder falfch. So
werden das Doppelte und die Hälfte als Re=
lata, einander entgegengefetzt, keines von bei=
ben ift aber (an fich) wahr oder falfch. So
auch das was als ein (reelles) Setzen und
Be=

Beraubung wie das Sehen und die Blind=
heit. Ueberhaupt alles ist außer Verbin=
dung wie die vorerwähnte weder wahr noch
falsch. Dieses kann nur in der Verbindung
statt finden. So ist die Aussage z. B. So=
krates ist gesund, der Aussage: Sokrates
ist krank, entgegengesetzt (wovon nur die Eine
wahr und die Andere falsch ist). Selbst dieses
findet auch nicht immer statt. Unter der Vor=
aussetzung, daß Sokrates lebt, muß freilich
das Eine wahr und das Andere falsch seyn;
ist Sokrates hingegen todt, so sind beide
falsch, weil Sokrates, der nicht mehr exi=
stirt, weder gesund noch krank seyn kann.

In einer Setzung und Beraubung (wie das
Beispiel des Sokrates) verhält es sich folgen=
dermaßen: Existirt Sokrates gar nicht, so
ist keines von beiden wahr. Existirt er aber
so ist doch nicht immer das Eine wahr und
das Andere falsch. Denn die Aussage So=
krates ist sehend, ist der: Sokrates ist blind,
als ein Setzen und die Beraubung entgegen=
gesetzt. So lange Sokrates lebt, ist es nicht
nothwendig, daß das Eine wahr und das An=
dere falsch seyn soll. Denn so lange er seiner
Natur nach keines von beiden annehmen kann,
sind beide falsch.

Von den entgegengesetzten Aussagen (Bejahung
und Verneinung) muß, in Beziehung auf
eben

eben daſſelbe Subjekt und Prädikat, immer
die eine wahr und die andere falſch ſeyn.
Eine Realität aber, oder ihre Hebung an
ſich (ohne Beziehung auf ein beſtimmtes Subjekt) iſt weder wahr noch falſch. Selbſt von
Habitus und Privatio, d. h. einer Realität
und ihrer Hebung in Beziehung auf ein Subjekt braucht auch nicht immer eine derſelben
wahr und die andere falſch zu ſeyn, weil es einen Zuſtand des Subjekts geben kann, von
dem ſie beide falſch ſind.

Alle Contraria gehören entweder unter einerlei Geſchlechtsbegriff; oder unter entgegengeſetzten Geſchlechtsbegriffen; oder endlich ſie
machen ſelbſt verſchiedene Geſchlechter aus.
Das Weiſſe und das Schwarze gehören unter
einerlei Geſchlecht der Farbe, Gerechtigkeit und
Ungerechtigkeit gehören unter entgegengeſetzte
Geſchlechter; das Geſchlecht der Gerechtigkeit
iſt Tugend, der Ungerechtigkeie, Laſter. Das
Gute und das Böſe machen ſelbſt entgegengeſetzte Geſchlechter aus, gehören aber unter kein
Geſchlecht.

Cap. IX.

Von der Priorität.

Ein Ding kann einem andern auf viererlei Arten vorhergehen.

Die erſte und gewöhnlichſte iſt das was
der Zeit nach, dem Andern vorhergehet, wodurch jenes älter als dieſes heißt.

Zweitens hat dasjenige vor dem andern
eine Priorität, was demſelben, nach einer Regel in der Folge, vorhergehen muß, ſo daß
nur jenes vorhergehen und dieſes folgen kann,
nicht aber umgekehrt. Wie z. B. die Einheit
der Zahl zwei vorhergehen muß; denn ſobald Zwei geſetzt wird, wird zugleich die Einheit nothwendig geſetzt. Dahingegen die Einheit auch ohne die Zwei möglich iſt. Ihre
Folge auf einander iſt alſo beſtimmt und kann
nicht wechſelſeitig ſeyn. Zwei muß immer
das Folgende ſeyn.

Drittens kann etwas dem andern einer gewiſſen Ordnung nach vorhergehen. Wie z.
B. in den Wiſſenſchaften und Reden. In den
demonſtrativen Wiſſenſchaften giebt es ein
Vorhergehendes und Folgendes, der Lehrord-
nung nach. Die Prinzipien müſſen den Be-
ſchreibungen (oder Erklärungen) vorhergehen.
In der Grammatik gehen die Buchſtaben den
Sylben, desgleichen in Reden gehet das Exor-
dium der Expoſition voraus.

Außer dieſen ſcheint auch das Beſſere, ſeiner Natur nach, dem Schlechtern vorherzugehen. Das gemeine Volk nennt die vorzüglich-
ſten, ehrwürdigſten und geliebteſten die erſten

F   in

in der Gesellschaft. Diese Art ist von den vor=
erwähnten sehr verschieden. Man thut daher
am besten, wenn man sagt: Es giebt ungefähr
so vielerlei Arten des Vorhergehens.

Es scheint aber noch eine Art des Vorher=
gehens zu geben.

Es kann nämlich eine Folge geben, die
zwar wechselseitig ist, dennoch kann das eine,
als Ursache des andern betrachtet, demselben
vorhergehend genannt werden. Daß es eine
solche Folge geben kann ist offenbar; denn
daß ein Mensch existire, und daß die Aussage
daß ein Mensch existirt wahr sey, ist eine wech=
selseitige Folge. Ist ein Mensch da, so ist
auch die Aussage, daß er da ist, wahr; ist die
Aussage wahr, so ist auch ein Mensch da.
Nur mit diesem Unterschied, die Wahrheit der
Aussage ist kein Grund von dem Daseyn des
Dinges. Dahingegen das Daseyn des Dings
der Grund von der Wahrheit der Aussage ist.
Denn nur darum weil das Ding ist oder nicht
ist, ist die Aussage wahr oder falsch. Hieraus
folgt daß das Vorhergehn auf fünferlei Art ge=
schehen kann.

———————

Cap.

Cap. X.

Von den Arten des Zugleichſeyns.

Das Wort zugleich wird, ſeiner einfachſten
und genaueſten Bedeutung nach, von Dingen
gebraucht, die zu eben derſelben Zeit entſtehen,
ſo daß das eine dem andern nicht der Zeit
nach, vorhergehet, oder folgt. Dieſe iſt die
Art des Zugleichſeyns, der Zeit nach.

Ferner wird dieſes Wort von Dingen gebraucht, die ſich einander in Anſehung ihres
Daſeyns wechſelſeitig vorausſetzen, ohne daß
das Eine Urſache vom Andern iſt. Z. B. das
Doppelte und die Hälfte ſetzen einander wechſelſeitig voraus, keines iſt aber Urſache des
Andern.

Auch ſind Dinge zugleich die in eben dem
Geſchlechte durch Eintheilung einander entgegengeſetzt werden, z. B. das geflügelte, das
fortſchreitende und das Waſſerthier, ſind von
einerlei Geſchlecht, und werden durch Eintheilung des Geſchlechts in dieſe Arten einander
entgegengeſetzt. Von keinem derſelben kann
man ſagen, daß es eher oder ſpäter als das
Andere da ſey, ſondern ſie ſcheinen in der Natur
zugleich zu ſeyn. Dieſe können aber wiederum

F 2

in

in Unterarten eingetheilt werden. Diese Un=
terarten werden alsdann zugleich seyn.

Die Geschlechter hingegen gehen den Ar=
ten beständig vorher; ihre Folge ist nicht
wechselseitig. So bald ein Wasserthier da
ist, ist auch ein Thier überhaupt da, nicht
aber umgekehrt. Diejenigen Dinge sind also zu=
gleich, die in einer wechselseitigen Folge mit
einander stehen, und deren keines Ursache des
Andern ist; wie z. B. die in eben dem Ge=
schlecht durch Eintheilung einander entgegenge=
setzt sind. Die einfachste Art des Zugleichseyns
aber wird den Dingen beigelegt, die zu glei=
cher Zeit entstehen.

CAP. XI.
Von der Bewegung.

Es giebt sechserlei Arten der Bewegung. Das
Entstehen und das Vergehen, die Vermehrung
und Verminderung, uud die Veränderung und
Verwechselung des Orts. Diese Arten der Be=
wegung sind augenscheinlich von einander uns
terschieden. Das Enstehen ist nicht das Ver=
gehen u. s. w.

Von der Veränderung konnte es noch ge=
zwelfelt werden, ob sie eine eigene Art der Be=
weg=

wegung ift, ober follte es vielleicht nicht noth=
wendig ſeyn, daß das was verändert wird,
ſelbſt durch irgend eine der übrigen Arten (von
Bewegung) verändert wird?

Dieſes kann aber nicht ſeyn. Wir wer=
ben durch alle, zum wenigſten die mehrſten —
Gemüthsbewegungen verändert (alterirt)
ohne daß irgend eine der übrigen Arten der Be=
wegung den mindeſten Antheil daran hat. Es
iſt nicht nothwendig, daß derjenige, der in
Liffekt geräth, dadurch zu= oder abnehmen ſoll;
und ſo iſt es auch in Anſehung der andern Be=
wegungen. Veränderung iſt alſo eine be=
ſondere, von den übrigen verſchiedene Art von
Bewegung. Denn ſonſt müßte dasjenige, was
verändert wird, zugleich zu= oder abnehmen,
oder es müßte eine andere Art von Bewegung
damit verknüpft ſeyn, welches ſich doch nicht
ſo verhält. So müßte wieder umgekehrt was
zu= oder abnimmt, oder ſonſt in eine Art von
Bewegung geräth, zugleich eine Veränderung
leiden. Nun läßt ſich aber eine Vermehrung
und Verminderung ohne Veränderung denken.
Ein Quadrat z. B. wird durch das ihm zu=
gefügte Gnomon bloß vermehrt, nicht aber
verändert, und ſo auch in allen dergleichen
Fällen. Hieraus erhellet, daß es verſchiedene
Arten der Bewegung ſind.

Wenn

Wenn man die zwei auf einander perpendikulär stehenden Seiten des Quadrats gleichmäßig verlängert, so wird das Quadrat durch das hinzukommende Gnomon bloß vermehrt, keinesweges aber verändert.

Der Bewegung (überhaupt) ist die Ruhe entgegengesetzt. Einer jeden Art insbesondre aber, sind besondere Arten von Bewegung entgegengesetzt. Dem Entstehen ist das Vergehn, der Vermehrung ist die Verminderung, der örtlichen Bewegung ist die örtliche Ruhe (das Verbleiben an einem Orte) entgegengesetzt. Am meisten scheint aber der örtlichen Bewegung eine Bewegung nach entgegengesetzter Richtung entgegengesetzt zu seyn. Der Bewegung von oben herunter, die Bewegung von unten herauf u. d. gl.

Was den andern Arten der Bewegung entgegengesetzt seyn mag, ist nicht so leicht anzugeben. Wo man nicht die Ruhe in Ansehung einer gewissen Qualität (das Aufhören einer gewissen Qualität) dafür ansehen will, oder den Uebergang von einer Qualität zu der ihr entgegengesetzten. Dem Weißwerden z. B. ist das Schwarzwerden entgegengesetzt. Denn ein Ding wird durch Wechselung der Qualitäten verändert.

Unter Bewegung überhaupt versteht Aristoteles das, was wir unter Veränderung über-

überhaupt verstehen. Unter Veränderung
hingegen bloß Wechsel der Beschaffenheiten.
Die sechserlei Arten der Veränderung überhaupt sind: 1) Veränderung des Wesens;
a) sein Uebergang vom Nichtseyn zum Daseyn,
das Entstehen; b) sein Uebergang vom Daseyn zum Nichtseyn, das Vergehen. 2) Veränderung der Quantität; a) Vermehrung;
b) Verminderung derselben. 3) Veräude-
rung der Qualität (Veränderung im engern
Sinne). 4) Veränderung des Ortes (Bewegung im engern Sinne). Der Veränderung überhaupt ist das Unverändert seyn
(nach Aristoteles Ruhe überhaupt) entgegengesetzt. Einer jeden besondern Art von
Veränderung aber eine ihr entgegengesetzte
Art; dem Entstehen das Vergehen u. s. w.

Alle diese einander entgegengesetzte Zustände lassen einen Mittelzustand zu, der keinem von den entgegengesetzten Zuständen entgegengesetzt ist. Der Mittelzustand zwischen
dem Entstehen und Vergehen ist das unveränderte Daseyn eines Dings, nachdem es ent-
standen ist. Zwischen dem Vermehren und
Vermindern ist das Unverändertbleiben in
Ansehung der Größe. Zwischen den entgegengesetzten Qualitäten giebt es auch eine
Mittelqualität. Der örtlichen Bewegung
überhaupt kann nichts anders entgegengesetzt
werden, außer die Ruhe oder Hebung aller
Bewegung. Denn eine Bewegung nach entgegengesetzter Richtung kann nicht der örtlichen Bewegung überhaupt, sondern der ört-

lichen

lichen Bewegung nach einer bestimmten Rich=
tung entgegengesetzt werden.

Zwischen Bewegung und Ruhe giebt es
aber keinen Mittelzustand. Es ist also be=
fremdend, wie Aristoteles, nachdem er sich
so darüber erklärt hatte, noch hinzufügen
konnte: „Am meisten scheint aber der örtlichen
Bewegung eine Bewegung nach entgegenge=
setzter Richtung entgegengesetzt zu seyn." Da
doch, wie schon bemerkt worden, diese einer
besondern, nicht aber der örtlichen Bewe=
gung überhaupt entgegengesetzt werden kann.
Diese Stelle müßte daher so abgeändert wer=
den: Am meisten scheint aber einer jeden
besondern örtlichen Bewegung u. s. w. Das
Resultat dieses Kapitels wird also folgendes
seyn. Der Geschlechtsbegriff von Bewegung
(Veränderung) überhaupt wird erstlich in vier
Arten nach den vier Kathegorien: Sub=
stanz, Quantität, Qualität und Ubi ein=
getheilt. Eine jede der beiden ersten Arten
wird wieder in zwei Unterarten eingetheilt.
Veränderung der Qualität und des Orts kann
nicht mehr in Unterarten abgetheilt werden.
Der Bewegung (Veränderung) überhaupt
ist Ruhe (Unveränderlichkeit, das Verbleiben
in einerlei Zustand) überhaupt, einer jeden der
erwähnten Unterarten ist ihre, wenn ich mich
so ausdrücken darf, Mitunterart entge=
gengesetzt. Einer jeden besondern Verände=
rung der Qualität und des Ubi aber ist eine
besondere (in der Anschauung bestimmte) Ver=
änderung entgegengesetzt.

Cap.

Cap. XII.

Von den verschiedenen Arten des Habens.

Haben hat viererlei Bedeutungen.

Es wird von einer Fertigkeit, Anlage oder sonst einer Qualität gebraucht. Man sagt eine Wissenschaft, eine Tugend (im Besitze) haben.

Es wird auch von der Quantität, die ein Ding hat, gebraucht. So sagt man: Es hat drei oder vier Ellen in der Größe.

Oder auch etwas am Körper haben, z. B. ein Kleid, ein Hemde u. d. gl. (anhaben). Oder auch an einem Theil des Körpers z. B. einen Ring an den Finger haben. Oder als selbst ein Theil des Körpers z. B. eine Hand, einen Fuß haben.

Oder es wird von einem Gefäße gebraucht, wo Haben, Enthalten bedeutet, z. B. ein Maaß Weizen, ein Eimer Wein. Das Maaß hat den Weizen und der Eimer den Wein in sich.

F 5

Oder

Ober etwas im Besitze haben; so sagt man einen Acker, ein Haus haben.

So sagt man auch eine Frau oder einen Mann haben. Diese Bedeutung des Wortes ist die allerentfernteste (von seiner ursprünglichen Bedeutung) Eine Frau haben, heißt nichts anders als bei ihr wohnen.

Es kann vielleicht noch mehrere Arten des Habens geben. Die gewöhnlichsten aber sind die von mir erwähnten.

Prä:

Präpodeutik

zu einer

neuen Theorie des Denkens.

Inhalt.

---

nach), giebt ein Fundamentum divifionis ab.
Alle übrige Eintheilungen aber laſſen ſich aus
dieſer ableiten. Die Begriffe der Transzen‑
dentalphiloſophie müſſen der Logik zum
Grunde gelegt werden. Außer der bejahenden
und verneinenden Kopula giebt es noch eine
dritte, die weder bejahend noch verneinend
iſt, und Zero zum Reſultat giebt. V. Kri‑
terien zum richtigen Gebrauch dieſer drei Ar‑
ten Kopula. VI. Die Eintheilung der Ur‑
theile ihrer Quantität nach, iſt auf eine kraſſe
Art aus dem Gebrauche, nicht aber aus der
Philoſophie entſprungen. VII. Eben ſo die
Eintheilung der Relation und Modalität nach.
VIII. Die hypothetiſchen Urtheile haben
gleichfalls ihren Urſprung nicht aus der Phi‑
loſophie. IX. Die disjunktive Urtheile ſind
eigentlich mehrere, in einer einzigen For‑
mel ausgedrückte kategoriſche Urtheile.

Von den Begriffen.

I. Begriff in Gegenſatz der Anſchauung.
Im Gegenſatz der Vorſtellung. II. Allge‑
meiner, beſonderer und einzelner Begriff.
III.

III. Dunkler, klarer und deutlicher Begriff.
IV. Synthetische und analytische Deutlichkeit. V. Begriffe sind einerlei oder verschieden. Wechselbegriffe. VI. Sie sind entweder bloß verschieden, oder entgegengesetzt.
VII. Sie sind entweder nothwendig, oder
wirklich, oder möglich.

Von den Urtheilen.

VIII. Urtheile. Synthetische und analytische
Urtheile. IX. Allgemeine, besondere und
einzelne Urtheile. X. Bejahende, verneinende und unbestimmte Urtheile. XI. Kate-
gorische, hypothetische und Disjunktions Urtheile. XII. Nothwendige, wirkliche und
mögliche Urtheile.

Von den Schlüssen.

XIII. Erklärung der Schlüsse. XIV. Unmittelbare Schlüsse.

Von den verschiedenen Erkenntnißarten.

I. Erkenntniß a priori, a posteriori u. s. w.
II. Von den Bedingungen der Urtheile a priori.

Ka-

Kathegorien. III. Nähere Erörterung der
Kathegorien. IV. Deduktion der Kathegorien.
V. Erklärung der Tafel der Kathegorien.
VI. Zeit und Raum als Bedingungen des
Denkens. VII. Von den Reflexionsbegriffen.
VIII. Ueber das Denken überhaupt.

———————

Erklä-

I.

Erklärung, Eintheilung, und Methode der Philosophie. Plan dieser Präpodevtik zu einer neuen Theorie des Denkens.

Eine Erklärung überhaupt erfordert einen Geschlechtsbegriff (genus) und einen Unterschied der Art (differentia specifica). Dieses wird von allen Logikern seit Aristoteles zugestanden. Der Grund aber, warum diese beiden Bestandtheile einer Erklärung erforderlich sind, ist, so viel ich weiß, noch von niemanden bestimmt angegeben worden. Wir wollen also fürs Erste, diesen Grund aufsuchen.

Eine Erklärung ist das, wodurch ein Ding erkannt, und von allen übrigen unterschieden wird. Sie muß also ein Merkmal angeben,

G

geben, worinn das erklärte Ding von allen
übrigen unterschieden ist. Dieses Merkmal
an sich muß, als schon bekannt, vorausgesetzt, und nur, als Merkmal des gegebenen
Dings, durch die Erklärung bestimmt werden. Hier ergiebt sich also die Frage von selbst:
Wie ist eine Erklärung möglich?

Denn soll dieses Merkmal bekannt seyn, so
muß es in andern (schon bekannten) Dingen
als Merkmal angetroffen werden. Ist es aber
in andern Dingen anzutreffen, so kann es nicht
Merkmal dieses von allen Uebrigen verschie-
benen Dinges seyn. Wie ist also eine Erklärung überhaupt möglich?

Gesetzt man wollte z. B. das Gold erklären: Gold ist ein Ding das gelb u. s. w. ist;
so soll also, wenn wir bei diesem einzigen Merkmal stehen bleiben, das Gold dadurch erkannt
und von allen übrigen unterschieden werden,
daß es gelb ist. Dieses setzt voraus, daß
man schon weiß, was gelb ist, indem man schon
mehrere Dinge kennt, die gelb sind; z. B.
Wachs, Eydotter u. d. gl. Wie kann man
also durch dieses Merkmal das Gold erkennen, und von allen übrigen Dingen, die gleichfalls gelb sind, unterscheiden?

Ehe wir aber zur Auflösung dieser Aufgabe
schreiten, müssen wir erst die genaue Bedeutung folgender Ausdrücke: sich eines Etwas
be-

bewußt ſeyn, Etwas denken, Etwas er‐
kennen, beſtimmt angeben.

Die allgemeine Funktion unſers Erkennt‐
nißvermögens, ohne welche alle übrige Funk‐
tionen (empfinden, vorſtellen, denken, erken‐
nen u. ſ. w.) unmöglich ſind, iſt das Be‐
wußtſeyn, oder das Wiſſen überhaupt;
wofür unſere Sprachen, eben darum, weil
ſie die allgemeinſte Funktion iſt, und folg‐
lich die größte mögliche Abſtraktion voraus‐
ſetzt, keinen adäquaten Ausdruck haben. Denn
ſelbſt Bewußtſeyn drückt nicht die einfache,
ſich auf alle Gegenſtände beziehende Handlung
des Erkenntnißvermögens aus, ſondern ſchließt
zugleich das Subjekt, welches ſich eines
Etwas bewußt, und das Objekt, deſſen es
ſich bewußt iſt, mit ein. Wenn ich alſo ſage:
ich bin mir der gelben Farbe bewußt; ſo ver‐
ſtehe ich darunter in der That nicht ein ein‐
faches, ſondern ein vierfaches Bewußtſeyn.
1) Bewußtſeyn meiner ſelbſt, als Subjekt.
2) Bewußtſeyn der gelben Farbe, als Ob‐
jekt. 3) Bewußtſeyn der Beziehung meiner
ſelbſt auf die gelbe Farbe, als Beziehung des
Subjekts aufs Objekt. 4) Bewußtſeyn das,
allen dieſen beſtimmten, gemeinſchaftliche un‐
beſtimmte Bewußtſeyn überhaupt. Für
dieſes letztere alſo haben wir keinen adäqua‐
ten Ausdruck. Und doch müſſen wir daſſelbe,

als

als nothwendige Bedingung eines jeden bestimmten Bewußtseyns, denken, und sind
uns dessen in einem jeden bestimmten Bewußtseyn, wirklich bewußt.

Sich eines Dings bewußt seyn,
schließt also das Bewußtseyn des Subjekts,
als ein solches, das Bewußtseyn des bestimmten Objekts, das Bewußtseyn ihrer Beziehung auf einander und Bewußtseyn dieses,
allen diesen verschiedenen Arten des Bewußtseyns, gemeinschaftlichen Bewußtseyns überhaupt aber auch nicht mehr als dieses, in
sich ein.

Etwas denken, heißt mehrere bestimmte Objekte des Bewußtseyns in einer Einheit des Bewußtseyns (als wären sie ein einziges Objekt des Bewußtseyns) verbinden.
Etwas erkennen heißt mehrere Objekte des
Bewußtseyns, nicht bloß aus dem Vermögen zu denken, sondern aus Gründen, die
außer dem Denkvermögen liegen, in einer
Einheit des Bewußtseyns verbinden. Ich
will dieses durch Beispiele erläutern.

Ich bin mir der gelben Farbe als eines
einzigen Objekts bewußt. Ich denke ein
Metall das gelb und (vorzüglich) leicht ist.
Ich verbinde also die gelbe Farbe und die
Leichtigkeit, wovon jede an sich ein Gegen-
stand des Bewußtseyns ist, in einer Einheit

des

des Bewußtseyns dieses Metalls; aus kei=
nem andern Grunde, als bloß, weil ich ein
Vermögen zu denken, oder mehrere Ge=
genstände des Bewußtseyns in eine Ein=
heit des Bewußtseyns zu verbinden habe.
Ich konnte aus eben dem Grunde auch ein
Metall denken, das grün und leicht, roth
und leicht u. d. gl. ist. Ich habe so viel, oder
so wenig Grund ein Metall auf die eine, als
auf die andere Art zu denken. Ich denke das
Gold, als ein gelbes, (vorzüglich) schweres,
durchs Feuer unzerstörbares Metall. Ich
verbinde alle diese Merkmale nicht bloß deswe=
gen in eine Einheit des Bewußtseyns, weil
mein Denkvermögen sie in eine Einheit des
Bewußtseyns verbinden kann, sondern weil
es dazu außer sich (in der Erfahrung) einen
Grund hat. Wenn ich mir also des Goldes,
als des aus diesen Merkmalen bestehenden Ob=
jekts, wirklich bewußt bin, so erkenne ich da=
durch, daß die bloß denkbare Verbindung
dieser Merkmale des Goldes in eine Einheit
des Bewußtseyns einen Grund außer dem
bloßen Vermögen zu denken, hat. So
kann ich auch eine reguläre körperliche Fi=
gur denken, die von zehn gleichen Flächen
eingeschlossen ist; eben so gut als ich eine re=
guläre körperliche Figur von sechs glei=
chen Flächen eingeschlossen denken kann. Aus

der

der Konstruktion aber ergiebt es sich, daß das letztere Denken einen Grund außer dem Denkvermögen, das erstere hingegen nicht nur keinen Grund außer dem Denkvermögen, sondern selbst einen, diesem entgegengesetzten Grund außer dem Denkvermögen, habe. Durch jenes Denken erkenne ich also ein Objekt (cubus). Durch dieses hingegen erkenne ich kein Objekt (Dekaeder).

Ich schreite nun zur Auflösung der von mir aufgeworfenen Frage: Wie ist eine Erklärung möglich?

Aus der obigen Bestimmung der Ausdrücke: sich etwas bewußt seyn, Denken, erkennen, ergiebt es sich, daß ein bloßes Objekt des Bewußtseyns überhaupt keiner Erklärung fähig ist. Die gelbe Farbe z. B. kann nicht, durch Merkmale, erklärt, sondern an sich, in der Anschauung erkannt werden. Also nur die Objekte des Denkens und des Erkennens sind einer Erklärung fähig. Gold kann also diesem nach, allerdings erklärt werden. Aber, wird man sagen, eine Erklärung setzt voraus, daß man sich der Merkmale, wodurch das Ding erklärt wird, schon vor dieser Erklärung bewußt ist? Ja freilich! wir sind uns in der That aller Merkmale des Goldes schon vorher bewußt, ehe wir durch

diese Erklärung wissen, was Gold ist. Aber,
wird man ferner einwenden, alsdann müssen
die Merkmale des Goldes (um uns schon vorher bekannt zu seyn) in andern Objekten anzutreffen seyn? Recht wohl! das sind sie auch.
Aber wie können wir also durch sie das Gold
erkennen und von andern Objekten, worin
sie gleichfalls als Merkmale anzutreffen sind,
unterscheiden?

Hierauf erwiedere ich: nicht ein jedes dieser Merkmale an sich, sondern ihre Verbindung in eine Einheit des Bewußtseyns ist
ein Merkmal des Goldes. Denn eben diese
Verbindung macht das Wesen vom Golde
aus. Gold unterscheidet sich vom Wachse dadurch, daß in diesem die gelbe Farbe, die
Weichheit u. s. w. in jenem aber die gelbe
Farbe, die (vorzügliche) Schwere. u. s. w.
in eine Einheit des Bewußtseyns verbunden ist. Ich kann also alle diese Merkmale
kennen, ohne deswegen zu wissen, was Gold
ist? Dieses weiß ich bloß durch die Erklärung.

Daß ferner eine Erklärung aus dem Geschlechtsbegriff (genus) und dem Unterschied der Art (differentia specifica) bestehen
muß, ist nicht bloß, wie gemeiniglich dafür
gehalten wird, ein Abkürzungsmittel, damit man nicht alle Merkmale des Objekts

G 4 auf-

aufzuzählen nöthig hat, sondern es hat einen
objektiven Grund, der aber nicht das bloße
Denken, sondern das Erkennen betrifft.
Die Verbindung mehrerer Merkmale in
eine Einheit des Bewußtseyns setzt voraus,
daß ein jedes dieser Merkmale an sich, außer
der Verbindung ein Gegenstand des Bewußtseyns ist. Eine jede Verbindung setzt
das Zuverbindende voraus. Das Bewußtseyn eines jeden Merkmals an sich, außer
der Verbindung, ist von dem Bewußtseyn eines jeden andern Merkmals verschieden. Es
schließt also dasselbe, in einem einzigen Bewußtseyn aus. Eine Verbindung mehrerer Merkmale in eine Einheit des Bewußtseyns heißt also nicht eine solche Verbindung, wodurch die mehrern aufhören mehrere zu seyn und in ein einziges Bewußtseyn
gleichsam zusammenfließen, sondern eine
solche, wodurch die mehrern Merkmale, ohne
in ein einziges Bewußtseyn zusammenzu-
fließen, dennoch in eine Einheit des Bewußtseyns verbunden sind. Die gelbe Farbe z. B. und die Schwere können nicht in ein
einziges Bewußtseyn zusammenfließen, sie
sind aber dennoch in eine Einheit des Bewußtseyns des Goldes, verbunden.

Aus eben dem Grunde können auch nicht
mehrere Verbindungen (wegen der Verschie-
denverschiedenden=

denheit ihrer Merkmale) in ein einziges Bewußtseyn zusammenfließen; sie können aber
dennoch in eine Einheit des Bewußtseyns verbunden werden. Gold und Eisen z. B.
können nicht in ein einziges Bewußtseyn zusammenfließen. Sie können aber dennoch in
eine Einheit des Bewußtseyns verbunden
werden, wie z. B. in diesem Urtheile: das
Gold ist von dem Eisen verschieden.

Um aber dieses begreiflich zu machen, wie
nämlich Dinge, die, als mehrere und folglich
verschiedene Dinge, in ein einziges Bewußtseyn nicht zusammenfließen, und dennoch in
eine Einheit des Bewußtseyns verbunden
seyn können, so bemerke man, daß es zweierlei Arten von Verschiedenheit giebt. Dinge
sind überhaupt verschieden, wenn das eine
enthält, was das andere nicht enthält. Aber
dieses Nichtenthalten ist von zweierlei Art.
1) Eine bloße Aufhebung dessen, was in jenem gesetzt wird; und macht in Verbindung
mit demselben $= 0$. Diese Art von Aufhebung
wird in der Logik gar nicht gebraucht. 2) Eine
Setzung von etwas, das das, was in jenem
gesetzt wird, aufhebt, und in Verbindung
mit demselben Minus hervorbringt. Diese
Aufhebung wird durch die verneinende Kopula: Ist nicht, ausgedrückt. Mehrere Objekte oder mehrere Verbindungen von Ob-

jekten

jekten schließen einander materiell in einem
einzigen Bewußtseyn aus; sie sind aber den=
noch formell in einer Einheit des Bewußtseyns
verbunden, d. h. in dem Urtheile: A ist von
B verschieden, oder A ist nicht B, werden A
und B nicht an sich, durch innere Merkmale,
sondern bloß in Verhältniß zu einander ge=
dacht; nicht das wodurch, sondern daß sie
überhaupt verschieden sind, wird in Betrach=
tung gezogen. Die besondern Bestimmungen
eines jeden, wodurch sie von einander ver=
schieden sind, werden in diesem Urtheile vor=
ausgesetzt, aber gedacht wird darin nichts
mehr, als daß sie durch besondere Bestimmun=
gen von einander verschieden sind.

Wenn ich also urtheile z. B. Roth ist von
Grün verschieden, so setzt dieses Urtheil vor=
aus, daß Roth und Grün materiell, ihrem
Inhalte nach, auf eine bestimmte Art in der
zweiten Bedeutung verschieden sind, (weil sie
sonst nicht verschieden, sondern einerlei seyn
würden) formell aber wird von der besondern
Art dieser Verschiedenheit abstrahirt, und nur
die Verschiedenheit überhaupt in Betrach=
tung gezogen, (weil ich sonst kein Urtheil über
ihre Verschiedenheit fällen konnte, weil ein
Urtheil überhaupt Einheit des Bewußtseyns
erfordert, welches aber materiell unmöglich
ist). In dem Urtheile: Roth ist von Grün
ver=

verschieden, brauche ich mir nur des Rothen
seines materiellen Inhalts nach intuitiv bewußt zu seyn, unter dem Worte Grün aber
verstehe ich bloß ein Etwas, das in so fern bestimmt ist, daß es nicht Roth ist. Ich bin
mir also des Grünen in diesem Urtheile bloß
formell, durch seine Beziehung auf das
Rothe, bewußt. Dieses Urtheil setzt freilich
voraus, daß ich mir des Grünen an sich bewußt
bin, enthält aber dasselbe nicht. Eben so werden auch Dreieck und Zirkel, als mehrere
und folglich verschiedene Verbindungen von
Objekten, materiell, ihrem Inhalte nach,
als auf eine besondere Art verschieden, formell aber als verschieden überhaupt betrachtet. Dieses gilt von einem Reflexionsurtheil,
d. h. von einer solchen Verbindungsart, wodurch verschiedene Objekte in eine Einheit
des Bewußtseyns, aber nicht zu einem einzigen Objekt verbunden werden sollen.

Die Verbindungsart durch ein konstitutives Urtheil, wodurch Objekte nicht bloß
in eine Einheit des Bewußtseyns, sondern auch zu einem einzigen Objekte verbunden werden, setzt, nachdem dieses Urtheil bejahend oder verneinend ist, diese beiden Arten der Verschiedenheit voraus. Dieses
konstitutives Urtheil: Ein Dreieck kann
rechtwinklicht seyn, wodurch das rechtwinklichte

lichte Dreieck als Objekt bestimmt wird, setzt
voraus, daß Dreieck und rechter Winkel
zwar verschieden, (weil sonst bloß ein Refle-
xions-Ur.heil der Einerleiheit, aber kein
konstitutives Urtheil möglich wäre, aber
bloß verschieden in der ersten Bedeutung sind,
(weil sie sonst bloß durch das Reflexionsurtheil
der Verschiedenheit, in eine Einheit des
Bewußtseyns, aber nicht zu einem einzigen
Objekt, verbunden werden könnten). So
wenig der rechte Winkel, als Etwas demselben entgegengesetztes, ist im Dreiecke enthalten. Der rechte Winkel ist im Dreiecke
$= 0$, da er aber nicht an sich $= 0$ ist, so kann
er dadurch, daß er mit demselben in eine Einheit des Bewußtseyns verbunden wird, einen (in Beziehung auf die Folgen, wovon er
der Grund ist) positiven Werth erhalten.
Hier sind Dreieck und rechter Winkel selbst
materiell (denn sie sind bestimmte Objekte,)
bloß verschieden in der ersten Bedeutung.
Dahingegen in diesem Urtheile: Ein Zirkel
kann nicht winklicht seyn, sind Zirkel und
Winkel materiell verschieden in der zweiten Bedeutung. Winkel ist etwas, dem im
Zirkel gedachten, Entgegengesetztes, so daß
sie durch ihre Verbindung einander aufheben
und das Resultat $= 0$ geben, folglich geben sie
in Beziehung auf den dadurch gedachten Zirkel,

Mi-

Minus. Im Dreiecke hebt die hinzukom:
mende Bestimmung des rechten Winkels
nichts auf. Ein rechtwinklichtes Dreieck
ist ein Dreieck. Dahingegen im Zirkel die
hinzukommende Bestimmung der Winkel
eine schon gedachte Bestimmung des Zirkels
aufhebt, sie geben also verbunden, in Bezie=
hung auf den durch beiden gedachten Zirkel,
Minus. Der Zirkel ist nicht mehr Zirkel, son=
dern bloß das, was nach Abziehung der auf=
gehobenen Bestimmung zurückbleibt. Ein
winklichter Zirkel ist kein Zirkel.

Die Objekte subordinirter Begriffe sind
verschieden in der ersten Bedeutung. Sie sind
verschiedene Verbindungen, die nicht intuitiv
zugleich vorgenommen werden können. Sie
heben sich aber einander nicht nur in einer
Einheit des Bewußtseyns nicht auf, son=
dern sie können sogar symbolisch in ein
einziges Bewußtseyn verbunden werden.
Die Konstruktion eines Dreiecks und die Kon=
struktion eines rechtwinklichten Dreiecks
können nicht vom Verstande zugleich vorgenom=
men, aber dennoch nicht nur in eine Einheit
des Bewußtseyns, sondern selbst in ein ein=
ziges Bewußtseyn symbolisch verbunden wer=
den: ein rechtwinklichtes Dreieck ist ein
Dreieck.

Der

Der Grund von dem Allen aber liegt
darin, daß das gegebene Mannigfaltige als
ein solches, den Gesetzen der Zeit unterworfen
ist. Seine verschiedene Glieder können, als
solche, nicht zu gleicher Zeit im Bewußtseyn
statt finden. Hier ist also keine logische Verschiedenheit, die sich auf Verbindungen, sondern eine reelle Verschiedenheit, die sich auf
die zu verbindenden Glieder selbst bezieht.
Die Verbindung des Mannigfaltigen aber ist,
als eine Funktion des reinen Denkens, den Gesetzen der Zeit nicht unterworfen. Der Verstand kann daher allerdings das, was ihm
nicht in einem einzigen Bewußtseyn gegeben ist, dennoch in eine Einheit des Bewußtseyns verbinden. Dahingegen kann er
nicht (materialiter) verschiedene Verbindungen in ein einziges Bewußtseyn verbinden, in so fern diese auch an sich, abstrahirt von der Zeit, verschieden sind. Nur mit
dem Unterschiede, daß wenn sie nicht völlig
verschieden, sondern zum Theil einerlei sind,
wie bei subordinirten Begriffen der Fall ist,
er sie zwar nicht intuitiv, aber dennoch symbolisch, wenn sie hingegen völlig verschieden sind, nicht einmal symbolisch in ein
einziges Bewußtseyn verbinden kann, wie
es mit den koordinirten Begriffen der Fall
ist. Dreieck und rechtwinklichtes Dreieck setzen
zwar

zwar zwei Verbindungen (materialiter) voraus.
(Das Mannigfaltige in jenem ist Raum, drei
Linien. In diesen aber zwei von den vorigen
Linien und ein rechter Winkel, den sie ein=
schließen.) · Die beiden Verbindungen können
nicht intuitiv zugleich vorgenommen werden;
da sie aber dennoch nicht völlig verschieden sind,
so kann bei der letztern Verbindung die erstere
als schon geschehen vorausgesetzt und sym=
bolisch vorgestellt, also beide in eine intui=
tive Einheit des Bewußtseyns verbunden wer=
den, welches bei einem Dreieck und rechten
Winkel nicht angeht.

Merkmale, die im Bewußtseyn eines ein=
zigen Objekts verbunden werden, sind entwe=
der koordinirt oder subordinirt. Sie sind
koordinirt, wenn keines derselben die andern
im Bewußtseyn voraussetzt. Was hingegen
das andere voraussetzt, ist demselben subor=
dinirt. Ich kann denken: Raum durch eine
Linie (als Linie), durch zwei Linien (als Win=
kel), durch drei Linien (als Dreieck), durch
vier Linien (als Viereck) u. s. w. bestimmt.
Eine Linie setzt die andere im Bewußtseyn
nicht voraus. Die zwei, drei, vier Linien
u. s. w. sind also in ihren respektiven Objekten
bloß koordinirt. Dahingegen kann ich nicht
Winkel, Dreieck, Viereck u. s. w. ohne
Linien

Linien denken. Jene sind also diesen subordinirt.

. Nun behaupte ich, daß die Erklärung
eines Objekts durch die Aufzählung seiner
Merkmale nur bei den koordinirten, nicht
aber bei den subordinirten Merkmalen statt
finden kann, und in Ansehung dieser die
Erklärung aus dem Geschlechtsbegriff und
dem Unterschied der Art, bestehen muß.
Denn verschiedene Arten von Verbindungen
heben sich einander, so wie alle verschiedene
Gegenstände des Bewußtseyns, in eben demselben Bewußtseyn auf. Sie sind also verschieden in der zweiten Bedeutung. Die
Koordination und die Subordination sind
verschiedene Verbindungsarten, sie können also nicht in einem einzigen Bewußtseyn statt finden. Wenn ich z. B. einen Winkel durch Verbindung zweier Linien denke,
so sind die zwei Linien in einem einzigen Bewußtseyn (des Winkels) koordinirt. Denke
ich einen rechten Winkel, so ist das Rechtseyn dem Winkel subordinirt, weil das
Rechtseyn ohne Winkel nicht gedacht werden kann. Aber nun fragt es sich: wie kann
ich einen rechten Winkel denken? Durch
Verbindung seiner Merkmale in ein einziges Bewußtseyn. Dieses ist intuitiv un-
mög-

möglich), weil dieses in der That nicht eine
einzige, sondern verschiedene Verbindungen so=
wohl der Materie als der Verbindungsart
nach) sind, indem die Verbindung dieser
Merkmale in einem einzigen Bewußtseyn,
in Ansehung einiger derselben eine Verbindung
der Koordination, in Ansehung anderer aber
eine Verbindung der Subordination ist. Ich
kann also nicht zwei, sich einander, sowohl
der Materie als der Verbindungsart nach,
intuitiv ausschließende Verbindungen in
eben demselben Bewußtseyn verbinden. Die=
ses ist also nicht anders möglich als dadurch,
daß ich die erste Verbindung nicht aufs neue
bei der zweiten wirklich vornehme, sondern
als schon vorgenommen, vorausseße, und
dieselbe nicht intuitiv darstelle, sondern bloß
symbolisch vorstelle. Dieses heißt aber nichts
anders, als das gedachte Objekt durch Ge=
nus und Differentia specifica erklären. Die
erste Verbindung, die als an sich möglich ge=
dacht werden muß, ist das Genus. Die zweite
aber, die nicht an sich, sondern unter Voraus=
seßung der ersten möglich ist, ist die Differen=
tia specifica. Die Verbindung der drei
Linien im Dreieck ist als eine Verbindung
der Koordination auch) an sich möglich.
Die Verbindung des Dreieckes mit dem
rechten Winkel aber ist eine Verbindung der

H   Sub=

Subordination, und setzt die erste schon
voraus.

Ich weiß also nicht, was Locke gegen die=
ses Verfahren einwenden kann, denn wenn man
diese Erklärungsart rückwärts so weit als mög=
lich fortsetzt, so erhält man alle Merkmale und
noch dazu sieht man ihre Verbindungsarten
deutlich ein, welches im Urtheilen wichtige
Dienste thun muß. Die Deutlichkeit der Be=
griffe in Ansehung der koordinirten Merkmale
hat keine Grade. Ein Viereck ist, als ein
in vier Linien eingeschlossener Raum, nicht
ein mehr deutlicher Begriff, als ein Dreieck,
oder ein in drei Linien eingeschlossener Raum,
obschon jenes ein Merkmal (eine Linie) mehr
als dieses hat. In beiden müssen alle Merk=
male aufgezählt werden. Dahingegen ein
Quadrat dadurch, daß man es als ein von
vier parallelen, gleichen, auf einander perpen=
dikulär stehenden Seiten eingeschlossen denkt,
deutlicher wird, als wenn man das letzte Merk=
mal wegläßt, und noch deutlicher, als wenn
man die zwei letzten Merkmale wegläßt u. s. w.

Die Regel der Erklärung (daß sie aus dem
Genus und der Differentia specifica bestehen
muß) ist hierin dem Verfahren in der Re=
chenkunst ähnlich; hier werden auch nur die
einfachen Zahlen (von 1 bis 10 in unserm
Zahlensystem) anschauend. In den kompo=
nir=

nirten Zahlen hingegen werben bie Zehner, Hunderte, u. f. w. nicht anschauend, sondern bloß symbolisch, und nur diejenigen einfachen Zahlen, die mit jenen verbunden werden, anschauend vorgestellt. So wird auch in einer Erklärung das Genus symbolisch, und die Differentia specifica anschauend vorgestellt; und der Grund davon ist, wie schon gezeigt worden, weil die Verbindung der Merkmale im Geschlechtsbegriffe (oder auch in dem Artbegriff, wenn dieser gleichfalls eine Verbindung von Merkmalen enthält) von der Verbindung desselben mit dem Unterschiede der Art, wenn auch nicht immer der Verbindungsart, zum wenigsten der Verbindung selbst nach, verschieden ist, und daher nicht beide in einem einzigen Bewußtseyn verbunden werden können, wo nicht bei der letztern Verbindung die erstere als schon geschehn vorausgesetzt, und bloß symbolisch vorgestellt wird.

Hieraus ergiebt sich auch, was willkührliche Begriffe sind. Gemeiniglich wird behauptet die Begriffe der Mathematik sind willkührliche Begriffe. Dieses ist aber nicht von allen, sondern bloß von denjenigen Begriffen wahr, die durch koordinirte, nicht aber von denjenigen, die durch subordinirte Merkmale bestimmt sind. Z. B. ein Dreieck überhaupt,

d. h.

d. h. drei Linien, die einen Raum einschließen,
ist ein willführlicher Begriff, weil sie auch (als
sich nicht verbunden (getrennt von einander)
gedacht werden können. Rechter Winkel
hingegen ist kein willführlicher Begriff, weil das
Rechtseyn (die perpendikuláre Lage der verbundenen, den Winkel bestimmenden Linien)
nicht ohne Winkel gedacht werden kann.
Die Verbindung von Subjekt und Prädikat ist
also, in Beziehung auf das letztere, nothwendig. —

II.

Eine Erklärung erfordert also einen (nách-
sten) Geschlechtsbegriff (Genus), und einen
Unterschied der Art (Differentia specifica),
und wie an seinem Orte gezeigt werden soll,
ist dieses nicht, wie Locke glaubt, eine logische Grille oder eine Abkürzungsart, sondern in der Natur des Denkens selbst gegründet, und so wie die Schlußformen, demselben
unentbehrlich.

Wollen wir nun die Philosophie erklären,
so müssen wir auch ihren Geschlechtsbegriff
und ihre Differentia specifica angeben. Die
Frage ist also fürs erste: was ist der Geschlechtsbegriff von Philosophie? Diese
Frage

Frage iſt leicht zu beantworten: die Philo=
ſophie iſt eine Wiſſenſchaft. Der Begriff
von Wiſſenſchaft iſt alſo der ihr mit an=
dern Wiſſenſchaften gemeinſchaftliche Ge=
ſchlechtsbegriff. Eine Wiſſenſchaft iſt ein
geordnetes Ganze von Erkenntniſſen. Das=
jenige, in Beziehung auf welches eine Wiſ=
ſenſchaft als ein Ganzes beſtimmt wird, iſt
der Gegenſtand dieſer Wiſſenſchaft, und
macht die Differentia ſpecifica derſelben aus.
Die Philoſophie iſt alſo eine Wiſſenſchaft.
Was iſt aber die Philoſophie für eine Wiſſen=
ſchaft? Was iſt ihre Differentia ſpecifica,
wodurch ſie ſich von andern Wiſſenſchaften
unterſcheidet?

Wir wiſſen auf eine ziemlich beſtimmte Art,
was Philoſophie der Vernunft (Vernunft=
lehre, Logik), Philoſophie der Natur,
Philoſophie der Sitten (Moral) iſt. Dieſe
alle ſind Unterarten der Philoſophie. Was
iſt aber der, allen dieſen gemeinſchaftliche
Artbegriff von Philoſophie überhaupt?
Hier ſcheint eine Lücke zu ſeyn. Wir haben
den Gattungsbegriff, ſo wie den der Un=
terarten, der Begriff der Art aber fehlt uns.

Doch glaube ich eine Erklärung der
Philoſophie überhaupt angeben zu können,
die ich hiermit der Prüfung der Denker un=
terwerfe.

H 3   Die

Die Philosophie ist die Idee einer
Wissenschaft, deren Gegenstand die Möglichkeit einer Wissenschaft überhaupt ist.
Oder, welches auf eben dasselbe hinausläuft,
sie ist die Idee einer Wissenschaft von der
Möglichkeit eines Ganzen der Erkenntniß
überhaupt. Diese Erklärung hoffe ich auf
folgende Weise rechtfertigen zu können.

Ein Ganzes überhaupt ist eine Uebereinstimmung des Mannigfaltigen. Diese
Uebereinstimmung des Mannigfaltigen
kann von dreierlei Arten seyn: 1) Uebereinstimmung des Mannigfaltigen durch eine
Einheit. 2) Uebereinstimmung des Mannigfaltigen in einer Einheit. 3) Uebereinstimmung des Mannigfaltigen zu einer Einheit.
Ich will dieses durch ein einziges Beispiel erläutern. In einer Uhr stimmen alle Theile
dadurch überein, daß sie durch einen gemeinschaftlichen Begriff, als in Bewegung gesetzte Körper, bestimmt werden. Sie stimmen
also durch die Einheit des Begriffs überein. Zweitens stimmen sie darin überein, daß,
durch ihre Wechselwirkung auf einander, eine
mittle Bewegung als Resultat entspringt,
woran die Bewegung eines jeden Theils ihren
proportionirten Antheil hat. Sie stimmen
also in der Einheit der Bewegung überein.
Drittens stimmen sie zu dem, durch sie alle zu
errei-

erreichenden Zweck (Messung der Zeit) überein.
Sie stimmen also zu einer Einheit des
Zweckes überein.

Eben so stimmen alle Individua durch den
Begriff der Art, und alle Arten durch den
Gattungsbegriff u. s. w. überein. Zweitens
die Merkmale eines Objekts stimmen in dem-
selben überein. Drittens die Merkmale eines
Objekts stimmen zu den Folgen überein.

Der Unterschied zwischen diesen dreierlei
Arten der Uebereinstimmung besteht darin, daß
dadurch in der ersten und dritten Art, nicht die
Einheit, sondern das Mannigfaltige als
ein Ganzes bestimmt wird, in der zweiten
Art aber die Einheit selbst dieses Ganze
ausmacht.

Da nun eine Wissenschaft überhaupt ein
Ganzes von Erkenntnissen ist, so müssen
ihre Theile auf irgend eine dieser drei Arten mit
einander übereinstimmen. Es giebt aber
hier wiederum einen merkwürdigen Unterschied;
nämlich diese Uebereinstimmung ist entweder
objektiv, in dem Verhältniß der Theile als
Objekt an sich betrachtet, und folglich in Ansehung des Erkenntnißvermögens nothwendig; oder sie ist subjectiv in der Spontaneität des Erkenntnißvermögens selbst gegründet. Z. B. in dem Begriff eines rechtwink-

H 4   lich=

lichten Dreiecks stimmen die Theile, nämlich
die Merkmale (Dreieck, rechter Winkel) ob=
jektiv zur Möglichkeit eines rechtwinklich=
ten Dreiecks, als Objekt, überein. Es
hängt gar nicht vom Erkenntnißvermögen ab,
diese Möglichkeit anders zu denken. Stelle ich
mir hingegen etwas als Zweck vor, (es mag
übrigens ein wirklicher oder ein bloß ideali=
scher Zweck seyn,) und wähle die Mittel, und
ordne sie diesem Zwecke gemäß, so ist ihre Ue=
bereinstimmung bloß eine Wirkung meiner
Spontaneität. So kann man der Gesetz=
gebung, Politik, u. s. w. ganz verschiedene
Zwecke (Bevölkerung, Wohlstand, Sittlich=
keit u. s. w.) zum Grunde legen, und nach je=
dem dieser Zwecke ein übereinstimmendes Gan=
ze ordnen, welches offenbar eine Wirkung der
Spontaneität ist.

Die Philosophie ist die Idee einer Wis=
senschaft von der Möglichkeit eines Gan=
zen der Erkenntniß; d. h. sie hat bloß die
Form einer Wissenschaft oder eines Gan=
zen der Erkenntniß zum Gegenstand. Hieraus
ergiebt sich der Unterschied zwischen Philoso=
phie und Mathematik (die beide reine Wis=
senschaften a priori sind) von selbst. Die
(reine) Philosophie nämlich, die von be=
stimmten Objecten abstrahirt, hat bloß die
Form, oder die Art wie ein Ganzes der Er=
kennt=

kenntniß überhaupt möglich ist, zum Gegenstande. Die Mathematik hingegen, die sich
auf (obgleich a priori) bestimmte Objekte bezieht, hat auch, als Wissenschaft, die Möglichkeit eines Ganzen, aber nicht eines Ganzen
der Erkenntniß überhaupt, sondern eines
Ganzen der Erkenntniß bestimmter Objekte
der Mathematik. Das durch die Philosophie
bestimmte Ganze ist eine Wirkung der Spontaneität. Das Ganze der Mathematik hingegen hat seinen Grund in den Objecten selbst.

. Es scheint zwar, als wenn die Wirkung
der Sponteneität auch in der Mathematik
statt fände. Ein jeder Satz z. B. kann auf
verschiedene Arten bewiesen, d. h. mit verschiedenen andern Sätzen zu einem Ganzen verbunden werden. Ein Begriff kann auf verschiedene Arten konstruirt werden u. d. gl.
Man muß aber bedenken, daß dergleichen Wir-
kungen der Spontaneität, eben darum, daß
sie nicht durch die Natur der bestimmten Objecte zurückgehalten werdn, nicht eigentlich zur
Mathematik, sondern zur Philosophie der
Mathematik gehören. Die Mathematik
fordert nichts mehr, als daß ihre Begriffe
konstruirt und ihre Sätze bewiesen werden
sollen. Daß aber jene auf eine elegante
Art construirt, und diese auf eine nette Art
bewiesen werden sollen, ist keine Forderung

$\mathfrak{H}$ 5   der

der Mathematik, sondern der Philosophie,
die unter allen möglichen Verbindungen des
Mannigfaltigen zur Einheit die vollkom-
menste Verbindung wählt.

Von den dreierlei Arten eines Ganzen,
als Gegenstand einer Wissenschaft überhaupt,
die ich bisher erörtert habe, finden in der Philosophie nur die erste und die Dritte statt;
nämlich Uebereinstimmung des Mannigfaltigen
durch eine Einheit, und, zu einer Einheit.
Die zweite Art hingegen oder die Uebereinstimmung des Mannigfaltigen in einer (objektiven)
Einheit kann bei ihr nicht statt finden. Denn
da sie bloß denkt, nicht aber zugleich darstellt,
so kann man durch die Philosophie allein
niemals sicher seyn, daß das in Uebereinstimmung gedachte Mannigfaltige, in einem
Objekte wirklich übereinstimmt. Dahingegen giebt uns die Logik, die Transzendentalphilosophie allgemeine Begriffe und
Grundsätze, durch welche alle Objekte mit
einander übereinstimmend gedacht werden müssen. So liefert auch die Moral Prinzipien
(Glückseligkeit, Vollkommenheit u. d. gl.) zu
welchen, als Zwecke, das Mannichfaltige
in den Handlungen des freien Willens übereinstimmen muß. Dieser Erklärung der Philosophie zufolge, ist Philosophie überhaupt
in jeder besondern Art derselben, ja so gar
in

in jeder Wissenschaft überhaupt wirklich an=
zutreffen. Als Wissenschaft an sich aber ist
sie nicht darstellbar, d. h. Man kann keine
nothwendige und allgemeingültige Regeln be=
stimmt angeben, wie man ein Ganzes der
Erkenntniß, bloß formell betrachtet, hervor=
bringen kann. Sie ist also bloß die Idee ei=
ner Wissenschaft, aber selbst keine Wissen=
schaft, weil sie, um eine Wissenschaft zu
seyn, sich selbst schon voraus setzt. Wir ha=
ben besondere Arten von Philosophie, aber
keine Philosophie überhaupt als Wissen=
schaft. Es giebt Philosophen d. h. Men=
schen die diese besondere Arten der Philo=
sophie, zum Gegenstand ihrer Untersuchung
machen, ja es giebt sogar praktische Philo=
sophen in jedem Fache, die keine theoretische
Philosophie als Wissenschaft besitzen. Phi=
losophie ist (wie schon ihr Name zeigt) vielmehr
eine intellektuelle Tendenz, als ein geord=
netes Ganze der Erkenntniß selbst.

Ich komme nun auf die Eintheilung der
Philosophie.

Die Philosophie kann füglich, so wie die
Mathematik, in eine reinen, angewand=
te, und praktische Wissenschaft eingetheilt
werden. Die reine Mathematik konstruirt
ihre Objekte, die reine Philosophie denkt
ihre Objekte a priori, nur mit diesem Unter=
schie=

schiede, daß die Objekte der Mathematik
bestimmte, die Objekte der Philosophie
hingegen unbestimmte Objekte des Denkens überhaupt sind. Die angewandte
Mathematik legt zwar empyrische aber dennoch allgemeine Bestimmungen der Objekte
(z. B. Bewegung) zum Grunde, und bestimmt
darinn ihre Größenverhältnisse. Eben dieses thut die angewandte Philosophie, nur
daß sie nicht Größenverhältnisse, sondern
wesentliche Verhältnisse in Ansehung dieser
allgemeinen aber empyrischen Bestimmungen der Objekte, bestimmt. Die praktische
Mathematik subsumirt empyrische Objekte
so weit als dieses angeht, den reinen Objekten der Mathematik. Eben dieses thut auch
die praktische Philosophie, nur mit dem Unterschied, daß sie die empyrischen Objekte
nicht den nothwendigen Verhältnissen bestimmter, sondern den nothwendigen Verhältnissen
von Objekten überhaupt, worauf sich die
reine Philosophie bezieht, subsumirt.

Die Logik als die Wissenschaft eines denkbaren Objekts überhaupt, ist reine Philosophie die Transzendentalphilosophie, als
die Wissenschaft von der Denkbarkeit eines Objekts unter Bedingungen der Sinnlichkeit
ist, in Ansehung der ganz unbestimmten a priori
gedachten Objekte der Logik, eine angewandte.

In

In Ansehung der empyrischen durch keine transzendentalen Verhältnisse a priori bestimmte aber noch immer reine Philosophie.

Die Philosophie der Natur ist, in so fern sie allgemeine Verhältnisse zwischen empyrischen Objekten zum Grunde legt, schon an sich angewandte Philosophie.

Die praktische Philosophie legt nicht bloß Objekte der Erfahrung überhaupt, sondern bestimmte Objekte der Erfahrung zum Grunde. Sie hat verschiedene Grade der Vollkommenheit die den Graden der Richtigkeit ihrer Subsumtionen proportionirt sind. Das Gesetz der Kausalität z. B. daß nämlich eine jede Erscheinung auf eine andere, nach einer Regel folgen muß, wenn sie als Objekt der Erfahrung betrachtet werden soll, gehört zur Transzendentalphilosophie. In Vergleichung mit den Gesetzen der Logik, ist es nicht völlig rein, weil es sich nicht, wie diese, auf ein Objekt des Denkens überhaupt, sondern auf ein Objekt des Denkens, in so fern es durch allgemeine Bedingungen (der Zeit) empyrischer Objekte bestimmt ist. Dieser Satz hingegen: die Elektrizität ist die Ursache des Gewitters, gehört zur praktischen Philosophie. Seine Richtigkeit hängt von der Richtigkeit der

Sub=

Subsumtion dieser Objekte (Elektrizität,
Gewitter) unter dem Gesetze der Kausalität,
ab, die erst durch vieles Vergleichen und
Beobachten erhalten wird.

Die praktische Philosophie hat in Anse=
hung der ihr eigenthümlichen Sätze bloß
Wahrscheinlichkeit, nie aber nothwendige
und allgemeine Wahrheit. Diese Wahr=
scheinlichkeit nähert sich aber immer der völ=
ligen Wahrheit, und hat also verschiedne
Grade der Vollkommenheit, wie dieses alles
in der Folge umständlicher erörtert wer=
den soll.

III.

Es giebt dreierlei Methoden zu philoso=
phiren. 1) Uebergang vom Allgemeinen zum
Besondern. 2) Uebergang vom Besondern
zum Allgemeinen. 3) Eine aus diesen beiden
zusammengesetzte Methode. Die erste Me=
thode ist sehr leicht. Denn da das Allgemei=
ne bloß die Form der Erkenntniß betrifft und
also sich auf Erkenntniß eines Objekts über=
haupt bezieht, so kann man schon zum Voraus
überzeugt seyn, daß es auch von allen beson=
dern Objekten gelten muß. So kann man die
logischen Regeln, ohne alle Schwierigkeit von
allen besondern Objekten, sie mögen übri=
gens

gens beschaffen seyn wie sie wollen, gebrau=
chen. Hier giebt es keine Grade. Die Feh=
ler die darin begangen werden können, betref=
fen nicht die Methode an sich, sondern die
Art ihres Gebrauchs. Sie sind gleichsam
Rechnungsfehler. Diese Methode aber ver=
schafft bloß Nothwendigkeit und Allgemein=
gültigkeit der formellen, keineswegs aber
Erweiterung der besondern (reellen) Er=
kenntniß.

Die zweite Methode hat schon weit mehr
Schwierigkeit. Sie fordert, daß man alle be=
sondere Methoden, die das Erkenntnißvermö=
gen zur Erweiterung irgend einer besondern
Art von Erkenntniß, mit Erfolg, gebraucht,
so weit als dieses angeht, allgemein machen
soll. Dieser Methode aber liegt erstlich eine
bloße Idee zum Grunde, zu welcher man sich
zwar immer nähern, die man aber nie völlig er=
reichen kann. Man kann z. B. die Idee in der
Auflösung einer mathematischen Aufgabe,
die sich auf bestimmte (gegebene) Größen be=
zieht, dadurch allgemein machen, daß man
von der besondern Bestimmung dieser
Größen abstrahirt, und nur die Begriffe von
Größen überhaupt und ihren allgemeinen
Verhältnissen beibehält. Auf diese Art wird
eine geometrische Aufgabe auf eine algebrai=
sche reduzirt, und die Auflösung allgemeiner

ge=

gemacht. Dieſes kann aber nur bis zu einem
gewiſſen, durch die Natur der Objekte beſtimmten Punkt getrieben werden. Die, auf
eine algebraiſche reduzirte, geometriſche
Aufgabe iſt zwar dadurch allgemeiner geworden; ſie bezieht ſich aber doch noch immer auf
beſtimmte Objecte (Größen) nicht auf Objecte überhaupt, d. h. ſie kann nicht auf eine
logiſche Aufgabe reduzirt werden.

Zweitens, geſetzt auch, wir wollten dieſe
Idee realiſiren, ſo wird doch dadurch bloß die
allgemeine formelle Erkenntniß mit einer
Methode bereichert werden. Was kann aber
dieſes zur Erweiterung unſerer Erkenntniß
beſonderer Objekte beitragen?

Die dritte, aus den beiden vorhergehenden
zuſammengeſetzte Methode, iſt von größer
Wichtigkeit. Sie beſteht darin: man mache
die in beſondern Erkenntniſſen mit Erfolg ge-
brauchten beſondern Methoden ſo allgemein,
als möglich iſt, und brauche nachher die, auf
dieſe Art allgemeiner gemachten Methoden, zur
Beſtimmung neuer beſonderer Erkenntniſſe.
Dadurch nähert ſich immer die beſondere Erkenntniß, in Anſehung der Nothwendigkeit
und Allgemeingültigkeit der allgemeinen;
und die ſonſt zwar nothwendige aber unfrucht-
bare allgemeine Erkenntniß wird immer zur
Beſtimmung beſonderer Erkenntniſſe taugli-
cher

cher gemacht. Die wichtigsten Erfindungen in der Mathematik, die wichtigsten Entdeckungen in der Naturwissenschaft sind wir einzig und allein dieser Methode schuldig.

Hieraus ergiebt sich zugleich, in welchem Verhältniß die Philosophie mit allen andern Wissenschaften stehet, und welchen wechselseitigen Einfluß sie auf einander haben können.

Mein Plan in dieser Präpodeutik zu einer neuen Theorie des Denkens ist, die reine Philosophie (Logik und Transzendentalphilosophie) philosophisch zu behandeln; d. h. sie, der Forderung der Philosophie überhaupt gemäß, als ein vollständiges verbundenes Ganzes, darzustellen. Ich werde darin zeigen, wie die Logik und die Transzendentalphilosophie sich einander wechselseitig voraussetzen, und folglich in der Behandlung von einander abstrahirt gedacht, nicht von einander getrennt, behandelt werden können, indem die logischen Formen ihre Bedeutung aus der Transzendentalphilosophie, und diese die Beglaubigung, Vollzähligkeit und systematische Ordnung ihrer Begriffe und Grundsätze aus der Logik erhält. Ferner werde ich zeigen, daß die verschiedenen Funktionen des Denkens (Begreifen, Urtheilen und Schließen) in der That eine und

J   eben

eben dieselbe Funktion, und nur in gewiſ=
ſer Rückſicht verſchieden ſind.   Ich werde
ferner ein wechſelſeitiges transzendentales
Verhältniß der Glieder des in einer Einheit
des Bewußtſeyns zu verbindenden Mannig=
faltigen, als Kriterium alles reellen Den=
kens überhaupt, beſtimmen, und dieſem Prin=
zip gemäß die wechſelſeitige Abhängigkeit der
Momente der Urtheile von einander zeigen.
Ich werde die Kathegorien als Bedingun=
gen des reellen Denkens, auf eine eigene
Art darſtellen, und dieſes reelle Denken bloß
ins Feld der Mathematik verweiſen.   Fer=
ner werde ich alle unerklärte, oder durch einen
Zirkel erklärte Begriffe der reinen Philoſo=
phie, z. B. Vorſtellung, Objekt u. d. gl.
durch eine Realerklärung zu beſtimmen ſu=
chen, und werde nichts unerklärt laſſen, als
den Begriff von Bewußtſeyn überhaupt,
der, indem er einer jeden Erklärung zum
Grunde liegt, ſelbſt unerklärbar ſeyn muß.
Ich ſetze übrigens bei meinen Leſern die Be=
kanntſchaft mit dem, was ſchon über dieſe
Materien geſagt und geſchrieben worden iſt,
voraus, und will nur dasjenige vortragen,
worüber ich etwas eigenes zu ſagen habe.

Nun muß ich noch etwas über das Ver=
hältniß der dogmatiſchen, kritiſchen und
mei=

meiner ſkeptiſchen Art zu philoſophiren im
Allgemeinen beibringen.

Die dogmatiſche Philoſophie abſtrahirt
Begriffe und Saͤtze von ihrem Gebrauche
in beſondern Faͤllen, erhebt ſie, nach der Me=
thode der Induktion, zu allgemeinen Grund=
begriffen und Grundſaͤtzen, und braucht ſie
nachher, nach der Methode vom Allgemeinen
zum Beſondern uͤberzugehen, zur Beſtimmung
anderer beſonderer Faͤlle. So abſtrahirt ſie
z. B. den Begriff von Urſache und den Satz
der Kauſalitaͤt von beſondern Faͤllen, wo
wir, ihrer Vorausſetzung nach, dieſelbe ge=
brauchen, z. B. die Waͤrme dehnt die Luft
aus; die Elektricitaͤt verurſacht das Gewitter,
u. d. gl. Dieſe erhebt ſie zu einem allgemei=
nen Grundſatz: Alles hat ſeine Urſache.
Hernach wendet ſie dieſen Grundſatz an, um
zu beweiſen, daß die Welt uͤberhaupt eine
Urſache habe. Dieſe Methode hat aber
breierlei Fehler: 1) Iſt das Faktum ſelbſt,
daß wir naͤmlich dieſen Satz (als Satz und
nicht als eine bloße Folge wiederhohlter Wahr=
nehmung) in beſondern Faͤllen wirklich gebrau=
chen, nicht bewieſen. Bei dem Skeptiker heißt:
die Waͤrme dehnt die Luft aus, nicht, die
Waͤrme macht die Ausdehnung der Luft noth=
wendig, ſondern: wenn ich die Waͤrme wahr=
genommen habe, habe ich darauf die Ausdeh=

nung

nung der Luft wahrgenommen, u. d. gl.
2) Gesetzt auch, daß dieses Faktum in diesen
besondern Fällen seine Richtigkeit hätte, so haben wir doch keinen Grund, vom Besondern
aufs Allgemeine zu schließen. 3) Geräth die
dogmatische Philosophie in der Anwendung
dieses allgemein gemachten Grundsatzes, in der
Methaphysik, mit sich selbst in Widerspruch.
Denn wenn z. B. alles, d. h. ein jedes Ding
das existirt, seine Ursache hat, so hat auch die
von ihnen angenommene erste Ursache, welche
gleichfalls ein Ding das existirt, ist, ihre Ursache, sie ist also nicht erste Ursache. (Von
dem ontologischen Beweise will ich hier nicht
sprechen.)

Die kritische Philosophie geht von dem
Begriffe Objekt der Erfahrung aus, und
beweißt die ersten Grundbegriffe und Grund=
sätze, als Bedingungen der Möglichkeit
eines Objekts der Erfahrung; leitet auch
daraus nichts mehr, als was zur Bestimmung
eines solchen Objekts nothwendig ist, her. Sie
schließt also nicht vom Besondern aufs All=
gemeine, indem sie diese Begriffe und Sätze
nicht von besondern Fällen abstrahirt, son=
dern als Bedingungen ihres Gebrauchs
den sie gleichfalls als Faktum des Bewußtseyns
voraussetzt, a priori beweißt, und leitet aus
ihnen nichts mehr (sondern bloß auf eine mehr

der

demonſtrative Art), als das, was in den beſondern Fällen als Faktum enthalten iſt, her. Die
kritiſche Philoſophie weicht alſo den beiden
letztern Fehlern der dogmatiſchen Philoſophie glücklich aus. Dahingegen läßt ſie noch
eine Blöße in Anſehung der Frage: Quid
facti? indem ſie das Faktum ſelbſt, gegen
den Skeptiker nicht behaupten kann. Sie
kann alſo nur hypothetiſch philoſophiren.
Meine ſkeptiſche Art zu philoſophiren iſt
dieſe. Da ich den Gebrauch ſynthetiſcher
Erkenntniß ſo wenig in der Logik, (die bloß
die analytiſche Erkenntniß zum Gegenſtande
hat), als in der Erfahrungswiſſenſchaft,
(deren ſynthetiſche Erkenntniß im Zweifel
gezogen werden kann), finde, ſo ſuche ich denſelben anderwärts auf, und zum Glück finde
ich ihn in der Mathematik, (deren ei-
genthümliche Begriffe und Sätze ſynthetiſch
a priori ſind). Hier finde ich alſo, daß die
ſynthetiſchen Grundbegriffe und Grund-
ſätze nicht Bedingungen der Möglichkeit
eines, durch empyriſche Merkmale beſtimmten, Objekts der Erfahrung, ſondern
Bedingungen der Möglichkeit eines durch
Merkmale a priori beſtimmten reellen Objekts überhaupt ſind, und welches nichts anders als ein Objekt der Mathematik ſeyn
kann. Ich ſuche daher dieſe Begriffe und

J 3 Sätze

Sätze von den (durch ihre vermeintliche Bestimmung zum Erfahrungsgebrauche) ihnen
angehängten überflüssigen Bestimmungen
zu reinigen, und in einem vollständigen System darzustellen.   Alles hat seine Ursache,
heißt bei mir: ein jedes reelle Objekt muß
einen Grund haben, oder eine jede gerechte
Verbindung eines Mannigfaltigen in einer Einheit des Bewußtseyns muß einen
Grund haben, wenn sie nicht bloß gedacht,
sondern zugleich erkannt werden soll.   Ich
habe sogar diesen Grund a priori bestimmt;
und so verfahre ich auch mit allen übrigen
Begriffen und Grundsätzen, wie dieses alles in der Folge näher entwickelt werden soll.

Von der Logik überhaupt.

I.

Die Logik ist eine Wissenschaft, welche die
Bedingungen, unter welchen ein unbestimmtes
und bloß durch diese Bedingungen bestimmbares Ding überhaupt ein Gegenstand des Denkens werden kann, und die verschiedenen Formen des Denkens zum Gegenstande hat.

Ich

Ich sage erstlich: die Logik ist eine Wissenschaft, d. h. im strengen Sinne ein Ganzes von Erkenntniß aus Gründen. Die Logik enthält, so wie jede Wissenschaft, indemonstrable und demonstrable Wahrheiten. Jene sind die einfachen, diese die komponirten Formen der Urtheile und Schlüsse, die durch Reduktion auf jene, nach dem Satze des Widerspruchs, demonstrirt werden.

Eine jede besondre Wissenschaft muß, als eine solche, entweder durch ihren Gegenstand oder ihre Behandlungsart, die zwar in dem Gegenstande gegründet, aber dennoch von demselben verschieden ist, bestimmt werden. Die Logik kann nicht durch irgend einen besondern denkbaren Gegenstand bestimmt werden, weil sie in der That keinen besondern Gegenstand hat.

Durch die Behandlungsart, z. B. als eine Wissenschaft a priori, kann sie nicht bestimmt werden, weil es mehrere Wissenschaften a priori giebt; die Mathematik z. B. ist auch eine, sowohl der Materie als der Form nach, bestimmte Wissenschaft a priori. Auch nicht als eine Erkenntniß a priori aus Begriffen, (da die Mathematik eine Erkenntniß a priori aus Konstruction der Begriffe ist), weil sie alsdann von einer jeden philosophi-

J 4 schen

schen Erkenntniß überhaupt nicht unterschieden seyn wird.

Die Erklärung, die man von der Logik gemeiniglich zu geben pflegt: sie sey die **Wissenschaft von den Gesetzen des Denkens eines Dinges überhaupt,** läßt auch eine Unbestimmtheit zu, die, wie in der Folge gezeigt werden soll, viele Irrthümer veranlaßt hat. **Was heißen hier Gesetze? Was Dinge überhaupt?** Soll Ding überhaupt ein bloßes unbestimmtes und unbestimmbares x bedeuten, dem man ein jedes bestimmte Ding subsumiren kann, oder soll es ein jedes bestimmte Ding, d. h. ein zwar unbestimmtes aber doch bestimmbares, bedeuten?

Sollen ferner unter Gesetzen des Denkens die Formen der Urtheile und Schlüsse, oder die Grundsätze (der Satz des Widerspruchs) und alles was daraus folgt, verstanden werden? Man sucht uns beständig einzuschärfen: die Logik abstrahirt von allem Inhalte der Objecte, und betrachtet bloß ihre Form, ohne sich darüber bestimmt zu erklären, von welchem Inhalt sie abstrahirt? ob bloß von allen empyrischen gegebenen, oder auch von allem a priori gedachten, (wie z. B. die bestimmten Objekte der Mathematik) oder selbst von allem transzendentalen Inhalt? Man scheint damit, (da man die Logik

rein

rein zu erhalten und selbst von der Transzen=
dental=Philosophie zu trennen sucht) das
letzte zu verstehen; dieses ist aber nicht wahr.
Denn wie in der Folge gezeigt werden soll,
setzen selbst die logischen Formen transzenden=
tale Begriffe voraus, ohne welche sie gar keine
Bedeutung haben.

Das logische Object ist zwar nichts mehr,
als was das x in der Algebra ist, aber selbst
dieses x in der Algebra bedeutet eine zwar un=
bestimmte, aber dennoch, durch Bedingun=
gen der Aufgabe, (durch Verhältnisse der
unbekannten zu bekannten Größen) bestimm=
bare Größe, weil sonst dieses x von gar kei=
nem Gebrauch seyn könnte.

Eben so ist das logische Objekt ein an sich,
durch innere Merkmale, unbestimmtes, aber
dennoch durch transzendentale Merkmale a
priori, die in der Folge angegeben werden
sollen, bestimmtes Objekt.

In der Logik bedeutet Object des Den=
kens nicht das worüber, sondern das was
gedacht, nicht das, was schon vor diesem be=
stimmten Denken gegeben oder gedacht wor=
den ist, sondern das, was erst durch dieses
Denken bestimmt wird. Wenn ich z. B. das
Röthe als eine Farbe, oder das Dreieck als
eine Figur denke, so denke ich in der That nicht
das Rothe oder das Dreieck, jenes ist schon

J 5 vor

vor dem Denken gegeben, dieses aber schon
vor diesem Denken gedacht; diese Objekte
sind bloße Veranlassungen zum Denken eines
Verhältnisses von Subjekt und Prädikat; das
bestimmte Objekt des Denkens aber ist dieses
gedachte Verhältniß selbst. Das logische
Object des Denkens überhaupt bedeutet also
ein unbestimmtes logisches Verhältniß überhaupt. Da nun aber, wie sich zeigen wird,
die logischen Verhältnisse ohne die transzendentalen Verhältnisse gar keine Bedeutung haben, so muß die Logik zweierlei festsetzen. 1) Die transzendentalen Verhältnisse, oder die Bedingungen a priori, unter
welchen die logischen Verhältnisse eine Bedeutung erhalten, und daher von reellen Objekten gebraucht werden können, welches bisher von allen Logikern vernachläßigt worden
ist. 2) Die logischen Verhältnisse oder
Formen selbst, die zwar nicht ohne die transzendentalen Verhältnisse, aber doch von
denselben abstrahirt gedacht werden können.

Die logische Formel z. B. a ist b, kann
bedeuten, a ist einerlei mit b, oder a ist Subjekt und b ist Prädikat, oder a ist Grund und
b Folge u. s. w. Diese unbestimmte Formel
drückt bloß eine Verbindung des Mannigfaltigen in einer Einheit des Bewußtseyns aus,
und läßt die besondere Art dieser Verbindung

anunbeſtimmt. Dieſe Formel: a iſt Subjekt und b Prädikat iſt eben die erſte Formel, auf eine beſondere Art beſtimmt; a wird geſetzt, und b demſelben beigelegt: was heißt aber geſetzt, und was beigelegt?

Die Logik muß alſo nicht nur den Grund der Möglichkeit einer Verbindung des Mannigfaltigen in einer Einheit des Bewußtſeyns überhaupt, ſondern der verſchiedenen Arten dieſer Verbindung aus der Transzendentalphiloſophie vorausſchicken, wenn ihre Formeln eine Bedeutung haben ſollen. Nachdem dieſes einmal geſchehen iſt, iſt es ihr immer vergönnt, von dieſem transzendentalen Grund zu abſtrahiren, und ſich als reine Logik darzuſtellen.

Ich ſage daher: die Logik iſt eine Wiſſenſchaft, welche die Bedingungen, (die transzendentalen Verhältniſſe, wodurch die Bedeutung der logiſchen Formen beſtimmt werden) unter welchen ein unbeſtimmtes, und bloß durch dieſe Bedingungen beſtimmbares Ding überhaupt, (von allen innern Beſtimmungen abſtrahirt,) ein Gegenſtand des Denkens werden kann, und (dann auch) die verſchiedenen Formen des Denkens (an ſich, von den transzendentalen Bedingungen abſtrahirt) zum Gegenſtande hat.

H.

II.

Was aber die reine, selbst von den trans=
zendentalen Bedingungen abstrahirte nach=
dem sie dadurch begründet worden ist) Logik
seyn mag, kann durch folgende Erklärung be=
stimmt werden:

Reine Logik überhaupt.

Die Logik ist die Wissenschaft von den Ge=
setzen des Denkens in Beziehung auf
ein Ding überhaupt, oder auf einen
Gegenstand eines (möglichen) Bewußt=
seyns überhaupt.

In einem jeden bestimmten Bewußtseyn
(des Subjekts selbst, als eines solchen, des
Subjekts als Objekt betrachtet, oder eines Ob=
jekts außer demselben, dieses oder jenes Ob=
jekts) unterscheiden wir zweierlei: 1) Das
Bewußtseyn überhaupt; 2) die beson=
dere Bestimmung des auf verschiedene Art
bestimmbaren Bewußtseyns überhaupt. Man
muß aber nicht glauben, als hätte ich den Be=
griff des Bewußtseyns überhaupt auf dem
analytischen Wege, durch Abstraktion von
einem jeden bestimmten Bewußtseyn heraus=
gebracht. Denn, wie es sich in der Folge
zeigen wird, findet Abstraktion nur alsdann
Statt,

Statt, wenn das, was abstrahirt, und das,
wovon es abstrahirt wird, Gegenstände des
Bewußtseyns an sich sind, und nur in ge=
wisser Rücksicht, in einem einzigen Bewußt=
seyn verbunden werden. Ist hingegen eines
derselben kein möglicher Gegenstand des Be=
wußtseyns an sich, außer der Verbindung
mit dem andern, und noch mehr, wenn keines
derselben an sich, außer der Verbindung,
im Bewußtseyn Statt findet, so ist das Be=
wußtseyn eines jeden in der Verbindung keine
Folge der Abstraktion von dieser Verbin=
dung, sondern der Reflexion über diese
Verbindung. Der Raum z. B. ist nicht
durch Abstraktion von allen mathematischen
Figuren ein Gegenstand des Bewußtseyns.
Denn obschon der Raum an sich, als ein
durch innere Merkmale bestimmter Gegenstand
(als Extension, stätige, ins Unendlich theilbare
Größe) im Bewußtseyn vorkommt, so kann doch
keine mathematische Figur ohne Raum im
Bewußtseyn Statt finden. Wir gelangen also
nicht zu dem Bewußtseyn von Raum durch
Abstraktion von irgend einer Figur, sondern
durch Reflexion über das Bestimmbare in
der Figur, ohne welches die besondere Be=
stimmung, und folglich auch das dadurch Be=
stimmte (die Figur selbst) im Bewußtseyn un=
möglich wäre. Und noch weniger können die
Glie=

Glieder eines Verhältnisses von einander
abstrahirt werden, und für sich außer dem
Verhältnisse im Bewußtseyn Statt finden,
obschon sie in dem Verhältnisse, als ver=
schiedene Gegenstände des Bewußtseyns
vorkommen.

Noch weniger wird das Bewußtseyn
überhaupt, als das, in einem jeden bestimm=
ten Bewußtseyn, bestimmbare, von einer je=
den besondern Bestimmung abstrahirt, son=
dern durch Reflexion über jedes bestimmte
Bewußtseyn, zum Gegenstand seiner selbst,
und als nothwendige Bedingung eines jeden
bestimmten Bewußtseyns erkannt. So wird
auch die besondere Bestimmung eines jeden
bestimmten Bewußtseyns nicht durch Ab=
straktion, sondern durch Reflektion, Gegen=
stand des Bewußtseyns, und als nothwen=
dige Bedingung dieses oder jenes besondern
Bewußtseyns erkannt.

Abstraktion findet nur alsdann Statt, wenn
durch dieselbe nicht das, wovon etwas ab=
strahirt werden soll, gänzlich zernichtet
wird. Wird hingegen das Bestimmbare
von dem dadurch Bestimmten abstrahirt,
so wird dadurch die Bestimmung (die ohne
das Bestimmbare nicht denkbar ist) und folg=
lich auch das dadurch Bestimmte gänzlich
zernichtet.

Will

Will man den Begriff eines unbeſtimmten
Bewußtſeyns überhaupt nicht zulaſſen, ſo
muß man noch weniger den Begriff eines (logi=
ſchen) Objekts des Denkens überhaupt,
als Gegenſtand der Logik, zulaſſen. Ich ſage:
noch weniger, weil der Begriff von Objekt
überhaupt nicht nur eine Abſtraktion von ei=
ner jeden Beſtimmung eines jeden Objekts,
ſondern ſelbſt vom Subjekt, worauf es ſich
doch bezieht, und ohne welches (als ein Rela=
tum ohne ſein Korrelatum) es alſo nicht gedacht
werden kann, vorausſetzt. Subjekt iſt
ſelbſt Objekt ſeiner ſelbſt, und ſoll doch vom
Objekt überhaupt verſchieden gedacht wer=
den. Dahingegen der Begriff von einem un=
beſtimmten Bewußtſeyn überhaupt, ob=
ſchon er die größte mögliche Abſtraktion vor=
ausſetzt, indem darin ſelbſt von dem Ver=
hältniß von Subjekt und Objekt abſtrahirt
wird, weil dieſes Verhältniß ſelbſt, zwar als
bloßes Verhältniß kein beſtimmtes Objekt,
aber dennoch ein beſtimmtes Bewußtſeyn
iſt, nichts unmögliches vorausſetzt. Es iſt
zwar ein, durch innere Merkmale unbeſtimm=
tes Bewußtſeyn, aber dennoch als Bedingung
eines jeden beſtimmten Bewußtſeyns,
beſtimmt, und in jedem beſtimmten Bewußt=
ſeyn erkennbar. Es iſt das unbeſtimmte x,
das in einem jeden beſtimmten Bewußt=

ſeyn einen beſtimmten Werth a b c u. ſ. w.
erhält.

Die beſondere Beſtimmung in einem je=
den beſtimmten Bewußtſeyn iſt der Gegen=
ſtand deſſelben (beſtimmtes Objekt des Bewußt=
ſeyns). Er wird, wie ſchon erwähnt, durch
Reflexion, als etwas vom Bewußtſeyn
überhaupt verſchiedenes, aber doch ohne
daſſelbe Unmögliches gedacht.

III.

Das Denken oder Urtheilen (denn wie
in dieſem Verſuche gezeigt werden ſoll, be=
ſteht alles Denken in Urtheilen) iſt die
Art des Bewußtſeyns, wodurch x und y
als beſtimmte, von einander verſchiedene
Gegenſtände des Bewußtſeyns, in einem
einzigen beſtimmten Bewußtſeyn z verbun=
den werden.

Dieſe Erklärung des Denkens überhaupt
begreift alle Arten des Denkens (deren Unter=
ſcheidung ich hier nicht vornehmen, ſondern,
zur Erläuterung dieſer Erklärung vorausſetzen
muß) in ſich. In dem ſynthetiſchen Urtheil:
eine dreiſeitige Figur hat drei Winkel,
werden der Inbegriff von drei Seiten, und
der

der Inbegriff von drei Winkeln, als be=
ſtimmte von einander verſchiedene Gegen=
ſtände des Bewußtſeyns, in einer nothwen=
digen, und in dem Urtheile: Ein Dreieck
kann rechtwinklicht ſeyn, werden Dreieck
und rechtwinklicht als beſtimmte, von ein=
ander verſchiedene Gegenſtände des Bewußt=
ſeyns in einer möglichen Einheit des Be=
wußtſeyns verbunden. So auch in dem
analytiſchen Urtheile: Ein Dreieck iſt eine
Figur, werden Figur und Dreieck als be=
ſtimmte, von einander (in gewiſſen weſentli=
chen Stücken ſowohl, als ihren Folgen) ver=
ſchiedene Gegenſtände des Bewußtſeyns in ei=
ner Einheit des Bewußtſeyns verbunden; und
dieſe Einheit iſt wiederum ein eignes, von
jenen beiden verſchiedenes, beſtimmtes Be=
wußtſeyn.

IV.

Die Verbindung der Gegenſtände des
Bewußtſeyns in einem Urtheile iſt, ihrer Qua=
lität nach, entweder poſitiv, oder negativ,
oder zero. Die Quantität, Relation und
Modalität des Urtheils wird durch ſeine be=
ſtimmte Qualität gleichfalls beſtimmt. Der
poſitiven Verbindung liegt der Begriff der

K   trans=

transzendentalen Realität; der negativen
der Begriff der transzendentalen Negation,
der mit. zero bezeichneten, der Begriff des
transzendentalen Nichts zum Grunde.

Die neuere Logik unterscheidet die Urtheile
ihren vier Hauptmomenten, nämlich ihrer
Qualität, Quantität, Relation und Modalität nach. Eine jede dieser Abtheilungen
hat wieder drei Unterabtheilungen, mit deren
Aufzählung, da sie aus den neuern Schriften
als bekannt vorausgesetzt werden kann, ich mich
nicht aufhalten will.

Hier soll gezeigt werden, erstlich, daß nur
die Eintheilung der Urtheile ihrer Qualität
nach ein Fundamentum divisionis hat. Die
übrigen Unterscheidungen aber, da sie in jener
Eintheilung gegründet, und durch sie bestimmt werden, kein Fundamentum divisionis abgeben können.

Zweitens legt die neuere Philosophie die
logische Realität und Negation der transzendentalen zum Grunde. Hier soll gezeigt
werden, daß es sich gerade umgekehrt verhält,
nämlich die transzendentale Realität und
Negation liegt der logischen zum Grunde.

Drittens, hat die neuere Logik die Natur der dritten Abtheilung der Urtheile ihrer
Qualität nach, die ich mit zero bezeichnet
habe, gänzlich verkannt, indem sie die Urtheile
nicht

nicht ihrem Wesen, sondern der Art des
Ausdrucks nach, von der zweiten Abtheilung
unterscheidet. Hier soll gezeigt werden, daß
sie in der That wesentlich von einander unterschieden sind.

Die logische Realität und Negation ist
von der transzendentalen Realität und Negation verschieden. Diese Realität ist ab-
solut, und bezieht sich auf einen Gegenstand
des Bewußtseyns an sich; die ihr entgegengesetzte Negation ist zwar nicht an sich, aber
doch durch Verbindung der transzendentalen
Realität mit der logischen Negation (Hebung der transzendentalen Realität) ein Gegenstand des Bewußtseyns. Diese Realität und
Negation kann man in Beziehung auf verschiedene Objekte mit einander nicht vertau-
schen; Licht bleibt immer eine Realität, und
Finsterniß die ihr entgegengesetzte Negation.

Die logische Realität ist kein absolutes
Setzen eines Gegenstandes des Bewußtseyns
an sich, sondern bloß sein Setzen in Verbindung mit einem andern. So ist auch die
logische Negation keine Aufhebung absolu-
ter Realität, sondern bloß Aufhebung einer
Verbindung. Logische Realität und Negation können daher in Beziehung auf verschiedene Objekte mit einander vertauscht werden.
Vernunft z. B. wird dem Menschen beige-

K 2   legt

legt, und dem Thiere abgesprochen. Eine
absolute Realität kann eine logische Negation seyn, und so auch umgekehrt. Dem
Thiere wird Vernunft abgesprochen, und
dem Menschen wird Sterblichkeit beigelegt. Dieses alles hat seine Richtigkeit.

Die Frage ist aber, wodurch werden logische Realität und Negation nicht von den
absoluten, sondern von einander unterschieden? Sagt man: logische Realität ist ein
Beilegen, und logische Negation ein Absprechen, so werde ich weiter fragen: Was
ist Beilegen, und was Absprechen? Hier
sieht man sich also gezwungen, die logische
Realität und Negation durch die absolute
zu bestimmen. Logische Realität ist das
bestimmte Bewußtseyn, nicht der Gegenstände
an sich, sondern einer Verbindung zwischen
denselben. Logische Negation ein Bewußtseyn eines Grunds von der Aufhebung einer
Verbindung. Ob durch diese Verbindung
ein Objekt als absolute Realität gedacht wird,
oder nicht, hängt von den besondern Objekten
sowohl, als von der besondern Art dieser
Verbindung ab. In dem Urtheile z. B.:
Ein Dreieck kann rechtwinklicht seyn,
wird durch die Verbindung, ein reelles Objekt (ein rechtwinklichtes Dreieck) bestimmt.
In diesem Urtheile hingegen: Ein Zirkel ist
nicht

nicht winklicht, wird durch die Verbindung von Subjekt und Prädikat kein reelles Objekt bestimmt. Subjektiv ist die Verbindung in beiden Fällen gleich reell, weil das Wesen eines Urtheils überhaupt, es mag übrigens bejahend oder verneinend seyn, in der Verbindung von Subjekt und Prädikat in einer Einheit des Bewußtseyns, bestehet. Objektiv hingegen ist diese Verbindung im bejahenden Urtheile transzendentale Realität, und im verneinenden transzendentale Negation. Also weit entfernt, daß man der transzendentalen (absoluten) Realität und Negation die logische Bejahung und Verneinung zum Grunde legen soll, muß man vielmehr dieser jene zum Grunde legen.

Ferner: die durch das Urtheil zu verbindenden Objekte enthalten entweder einen Grund der Bejahung, oder sie enthalten einen Grund der Verneinung, oder sie enthalten so wenig einen Grund der Bejahung, als der Verneinung. Im ersten Falle entsteht ein bejahendes, im zweiten ein verneinendes, im dritten Falle aber ein unendliches Urtheil. Im ersten Urtheile heben sich nicht nur die als Subjekt und Prädikat gedachten Objekte einander nicht auf, sondern, durch ihre Verbindung wird sogar ein neues Objekt bestimmt. Die Bejahung gleicht

K 3   also

hierin dem Zeichen Plus + in der Algebra.
Die Zahl + 3 z. B. hebt nicht nur die Zahl
+ 5 nicht auf, sondern durch ihre Verbindung
+ 3 + 5 entsteht eine neue Zahl + 8.

In dem zweiten Urtheile bestimmen nicht
nur Subjekt und Prädikat, durch diese Verbindung kein neues Objekt, sondern das
Prädikat hebt sogar zum Theil das Subjekt
auf. Die Verneinung gleicht also hierin dem
Minus — in der Algebra: 5 — 3, wodurch
+ 2 gehoben wird.

Im dritten Urtheile bestimmen Subjekt
und Prädikat kein neues Objekt. Sie sind,
in einem einzigen Bewußtseyn, gleich 0.
Und eben so wenig heben sie einander auf.
In dem Urtheile: Ein Dreieck kann
rechtwinklicht seyn, hebt nicht nur die hinzukommende Bestimmung, das Rechtwinklichtseyn das Dreieck nicht auf, sondern es
entsteht dadurch ein neues Objekt, nämlich
ein rechtwinklichtes Dreieck. Dieses Urtheil
ist also bejahend. In diesem Urtheile: Ein
gleichseitiges Dreieck kann nicht rechtwinklicht seyn, entsteht aus der Verbindung
von Subjekt und Prädikat nicht nur kein
neues Objekt, (ein gleichseitiges rechtwinklichtes Dreieck), sondern das Prädikat hebt
sogar eine im Subjekt gedachte Bestimmung (die
Gleichheit der Seiten) auf. Dieses Urtheil ist
                                          also

also verneinend. In diesem Urtheile hingegen: Die Tugend ist viereckigt, wird durch
diese Verbindung kein neues Objekt bestimmt, aber eben so wenig wird dadurch etwas in der Tugend gedachtes aufgehoben.
Die Verbindung ist also in diesem Betracht
gleich o. Tugend und viereckigt bleiben
noch immer dieselben Objekte, die sie vorher
waren.

Anstatt also des gewöhnlichen Zeichen-
spiels der Logiker, ein unendliches Urtheil
bloß dadurch zu bestimmen, daß das Zeichen
der Negation von der Kopula getrennt,
und mit dem Prädikat verbunden, übrigens
aber ein unendliches und verneinendes Urtheil für gleichgültig gehalten wird, habe ich
vielmehr einen wesentlichen Unterschied dieser beiden Arten Urtheile gefunden. Uebrigens
kann die Bezeichnung der unendlichen Urtheile meinetwegen beibehalten werden. Ihre
Folgen sind in Ansehung des gegebenen Prädikats freilich negativ (denn wenn ich sage:
a ist — nicht b, oder a gehört unter die
Klasse von Dingen, denen b nicht zukömmt, so
kommt b dem a eben so wenig zu, als wenn
ich sage: a ist nicht —b), aber dennoch ist
zwischen dieser und der in den verneinenden
Urtheilen gedachten Negation ein wesentli-
cher Unterschied, daß die Negation in die-

K 4   sen

sen einen Grund der Hebung der Position;
in jenen aber bloß den Mangel eines Grundes
der Position bedeutet. Eben so wie es einen
Unterschied giebt zwischen der Ruhe, die durch
einander entgegengesetzte bewegende Kräf=
te bewirkt wird, und der Ruhe, die nach
dem Gesetze der Trägheit, aus Mangel ei=
ner bewegenden Kraft herrührt.

Nachdem ich also die Begriffe der, der
Qualität nach, verschiedenen Arten der Ur=
theile festgesetzt habe, bleibt nun nichts mehr
übrig, als ein allgemeines Kriterium ausfin=
dig zu machen, wodurch man im Stande ist, zu
bestimmen, zu welcher Art von Urtheilen ein
gegebenes Urtheil gehört.

Daß ein solches Kriterium nothwendig ist,
erhellet daraus, daß in gewissen Fällen fast alle
Philosophen den Unterschied zwischen einem
Prädikat, das eine mögliche Bestimmung
von dem Gattungsbegriff des Subjekts ist,
und nur deswegen vom Subjekte verneint
wird, weil es schon durch ein, diesem entge=
gengesetztes Prädikat in seiner Art bestimmt
wird, und einem Prädikat, das gar keine
mögliche Bestimmung von dem Gattungs=
begriff des Subjekts ist, übersehen haben, wie
sich nachher zeigen wird.

Fragt einen Philosophen, ob die Tu=
gend viereckigt seyn kann? so wird er Euch
aus=

auslachen. Fragt ihn ferner: „Warum nicht?
Möglich ist alles, was keinen Widerspruch
enthält, eine viereckigte Tugend enthält keinen Widerspruch, folglich ist eine viereckigte
Tugend allerdings möglich," so wird der
Philosoph in Verlegenheit seyn, was er darauf antworten soll. Fragt ihn aber: ob eine
Linie schwarz seyn kann? so wird er dreist
darauf antworten: Warum nicht? Und wenn
Ihr es nicht glauben wollt, so wird er Euch
mit einem Federstrich durch die Wirklichkeit
einer schwarzen Linie von ihrer Möglichkeit
überzeugen, da doch, trotz seinem mit schwarzer Dinte gezeichnetem schwarzen Strich,
eine schwarze Linie eben so ein Unding ist,
als eine viereckigte Tugend. Es giebt einen
schwarzem Strich, aber keine schwarze
Linie. Laßt uns also dieses Kriterium aufsuchen.

V.

Wenn wir über das, was wir uns beim
Denken reeller Objekte bewußt sind, reflek-
tiren, so finden wir, daß die durchs Denken
zu verbindende Objekte, in Beziehung auf
einander, von dreierlei Arten seyn können,
1) kann ein jedes der zu verbindenden Objekte ein Gegenstand des Bewußtseyn an sich,

außer

außer der Verbindung mit dem Andern seyn. 2) Kann auch seyn, daß keines der zu verbindenden Objekte ein Gegenstand des Bewußtseyn an sich, außer der Verbindung ist, und nur in der Verbindung mit dem Andern, es seyn kann. 3) Kann auch seyn, daß das Eine der zu verbindenden Objekte auch an sich, außer der Verbindung, das andere aber nur in der Verbindung ein Gegenstand des Bewußtseyns ist.

Nun behaupte ich, daß die Objekte der ersten Art nicht in eine Einheit des Bewußtseyns verbunden werden können. Denn da ein jedes derselben an sich ein Objekt des Bewußtseyns ist, so ist kein Grund da, warum sie in eine Einheit des Bewußtseyns verbunden werden sollten, da doch diese Verbindung, indem sie zwischen bestimmten Objekten seyn soll, in der Abhängigkeit der Objekte von einander im Bewußtseyn ihren Grund haben müßte.

Die Objekte der zweiten Art sind im Bewußtseyn wechselseitig von einander abhängig, ein jedes derselben muß, wenn es überhaupt ein Objekt des Bewußtseyns seyn soll, mit dem andern in eine Einheit des Bewußtseyns verbunden werden. Diese Objekte sind aber bloße Verhältnisse und keine

keine reellen Objekte. Denn das Wesen eines
reellen Objekts bestehet darinn, daß es an
sich, ohne Beziehung auf etwas anderes, ein
Gegenstand des Bewußtseyns seyn kann.

Die dritte Art von Objekten sind ein=
seitig von einander im Bewußtseyn abhän=
gig. Das Eine derselben ist auch an sich,
außer der Verbindung, ein Gegenstand des
Bewußtseyns. Es kann aber durch die Ver=
bindung mit dem andern nicht nur seine
Realität beibehalten, sondern auch eine
neue Realität gewinnen, die mit jener zu=
gleich bestehen kann. Das andere aber ist
an sich außer der Verbindung kein Gegen=
stand des Bewußtseyns, und erhält nur sei=
ne Realität, als ein solches, durch die Ver=
bindung. Diese Verbindung ist also eine
nothwendige Bedingung, nicht nur von
dem Bewußtseyn des durch dieselbe gedachten
neuen Objekts, sondern selbst von dem mög=
lichen Bewußtseyn desjenigen Objekts, das
sonst kein Gegenstand des Bewußtseyns
ist. Sie hat also einen Grund, und bezieht
sich zugleich auf ein reelles Objekt.

Hieraus ergiebt es sich, daß eine vier=
eckigte Tugend kein Begriff eines gedach=
ten Objekts ist, weil so wohl Tugend außer
der Verbindung mit Viereck, als Viereck
außer der Verbindung mit Tugend, an sich
Ob=

Objekt des Bewußtseyns ist; folglich hat
ihre vermeinte Verbindung keinen Grund,
und eben so wenig irgend eine Folge, die nicht
schon Folge eines der zu verbindenden Objekte an sich ist.

Ursache und Wirkung, von den darunter zu subsumirenden Objekten abstrahirt, sind
in einer nothwendigen Verbindung mit einander. Sie bestimmen sich einander wechselseitig. Ursache ist das, was eine Wirkung hat, und so auch umgekehrt. Sie sind,
wenn ich mich so ausdrücken darf, synthetisch-
analytisch mit einander verbunden. Sie sind
nicht einerlei, und doch können sie nicht ohne
einander gedacht werden. Aber diese Verbindung ist bloß formell, und kann an sich
kein reelles Objekt bestimmen.

Dahingegen eine gerade Linie, ein rechter Winkel u d. gl. Begriffe reeller Objekte sind. Denn Linie und Winkel an sich
(ohne die Bestimmung des Gerade- und Recht-
seyns) sind reelle Objekte. Durch ihre
Verbindung mit den hinzukommenden Bestimmungen wird nicht nur ihre Realität an
sich beibehalten, indem die Eigenschaften einer Linie und eines Winkes überhaupt, auch
der geraden Linie und dem rechten Winkel zukommen müssen; sondern sie erhalten auch
dadurch)

dadurch eine neue Realität, nämlich diejenigen Eigenschaften, die bloß der geraden Linie und dem rechten Winkel, nicht aber einer Linie und einem Winkel überhaupt zukommen. Das Geradeseyn und das Rechtseyn aber an sich sind keine Gegenstände
des Bewußtseyns, und werden es nur
durch die Verbindung.

Die Folgen (Eigenschaften) der geraden
Linie und des rechten Winkels müssen so
wenig einer Linie und einem Winkel an sich,
als dem Gerade- und Rechtseyn an sich,
sondern bloß ihrer Verbindung beigelegt werden. Jenen nicht, weil ihnen sonst diese Folgen auch außer der Verbindung zukommen
müßten. Diesen nicht, weil sie außer der
Verbindung im Bewußtseyn gar nicht Statt
finden.

Also, der Reinheit der Logik (wofür die
neuern Logiker so sehr besorgt sind, daß sie
darüber ihre Realität hintan setzen) unbe-
schadet, habe ich ein Kriterium gefunden, wodurch man die Qualität eines jeden gegebenen Urtheils durch transzendentale Verhältnisse der dadurch zu verbindenden Objekte
zu einander, a priori bestimmen kann. Dieses mag zum Beweise meiner zwei letzten Be-
hauptungen hinreichend seyn. Der Beweis
der

der erſten Behauptung aber ſoll im Verfolg dieſes Verſuchs durchgeführt werden.

VI.

Die Eintheilung der Urtheile, ihrer Quantität nach, hat keinen philoſophiſchen Urſprung und iſt aus ihrem Gebrauche im gemeinen Leben hergenommen. Sie ſind in der That abgekürzte Schlüſſe, oder Verbindung mehrerer Urtheile, ohne alle Quantität.

Dieſes allgemeinbejahende Urtheil z. B. Ein Menſch iſt ein Thier, iſt der Schlußſatz im folgenden Vernunftſchluß: Menſch iſt Thier (Thier iſt das Beſtimmbare, Menſchheit eine von ſeinen möglichen Beſtimmungen, und Menſch das dadurch Beſtimmte) Alle Menſchen (Kajus, Titius, u. ſ. w.) ſind Menſchen (Menſch iſt nun das Beſtimmbare, Kajus, Titius, u. ſ. w. das Beſtimmte) Folglich ſind alle Menſchen Thiere.

Dieſes partikulärbejahende Urtheil: Einige Thiere ſind Menſchen, iſt Schlußſatz in folgendem Vernunftſchluß: Thier kann ſowohl Menſch als Nichtmenſch ſeyn, (Menſch und Nichtmenſch ſind zwei mögliche Beſtimmungen von Thier) iſt Thier als Menſch beſtimmt, ſo folgt unmittelbar daß

Menſch

Menſch Thier iſt (weil das Beſtimmbare, ohne welches die Beſtimmung im Bewußt-ſeyn nicht Statt finden kann, in dem Beſtimm-ten enthalten ſeyn muß) Thier als Menſch kann wiederum Kajus, Titius u. ſ. w. ſeyn. Folglich ſind einige Thiere (Kajus Titius u. ſ. w.) Menſchen.

Dieſes partikulärverneinende Urtheil: Einige Thiere ſind nicht Menſchen, iſt Schlußſatz in folgendem Vernunftſchluß: Thier kann Pferd, Hund, u. ſ. w ſeyn. Pferd, Hund u. ſ w. ſind nicht Menſchen; folglich ſind einige Thiere nicht Menſchen.

Dieſes allgemein verneinende: Kein Pferd iſt ein Menſch, iſt Schlußſatz in folgendem Vernunftſchluß: Pferd iſt nicht Menſch. Pferd kann ein braunes, ein Schimmel, u. ſ. w. ſeyn. Folglich iſt nicht das Braune, nicht der Schimmel u. ſ. w. ein Menſch.

Hieraus erhellet, daß die im Urtheile be-ſtimmte Quantität noch ein anderes als das gegebene Urtheil vorausſetzt.

Wird alſo das gegebene Urtheil nach dem von mir angegebenen Kriterium der Quali-tät und des transzendentalen Verhältnißes der dadurch verbundenen Objekte zu einander, in ſeiner Einfachheit ausgedrückt, ſo iſt die

Quan-

Quantität ganz überflüßig, da sie ohne ~~dem~~ nur durch dieses Kriterium bestimmbar ist.

Woher kann man sonst mit Gewißheit wissen, daß Alle Menschen Thiere sind? Durch Erfahrung? Diese giebt keine absolute Allgemeinheit. Vergleiche ich hingegen dieses Urtheil mit dem von mir angegebenen Kriterium, so finde ich, daß Thier auch an sich, als ein organisches lebendiges Wesen, ohne die Bestimmung der Menschheit, ein Gegenstand des Bewußtseyns ist, Menschheit hingegen an sich kein Gegenstand des Bewußtseyns seyn kann.

Ferner ist Mensch auch an sich, ohne durch das Individuelle in Kajus, Titius u. s. w. bestimmt zu seyn, dieses Individuelle hingegen nicht ohne Mensch, ein Gegenstand des Bewußtseyns. Ich brauche also nicht erst alle Menschen die Musterung passiren zu lassen, um zu sehen, ob sie alle Thiere sind, welches von mir auch nie bewerkstelligt werden kann, sondern ich brauche nur den Begriff von Thier mit dem Begriff der Menschheit, und den Begriff von Mensch mit einer jeden ihm möglichen Individualität überhaupt zu vergleichen, alsdann werde ich finden, daß in der That die gedachten Begriffe in dem zu jeder objektiven Verbindung erforderlichen Verhältniß stehen. Dadurch wird alles, sonst
durch

durch die bloße Form unbestimmt gelassene wegfallen.

Stehen aber die durch das Urtheil zu verbindenden Objekte nicht in dem erforderlichen Verhältniß vom Bestimmbaren und Bestimmung, so ist in der That dieses vermeinte Urtheil kein Urtheil, sondern eine bloße Wahrnehmung.

In allen Erfahrungsurtheilen wird dieses Verhätniß nicht eingesehen, sondern bloß, aus Gründen der Wahrscheinlichkeit supponirt. In diesem Urtheile z. B.: der Magnet zieht das Eisen an sich, ist das Eisenanziehn kein im Begriffe des Magnets enthaltener Begriff. Auch nicht eine durch Konstrukzion a priori erkannte Eigenschaft desselben, sondern die vielfältige gleichförmige Wahrnehmung der Näherung des Eisens zu dem in einer gewissen Entfernung liegenden, Magneten, macht bloß wahrscheinlich, daß der Magnet und das Eisenziehn in gedachtem Verhältniß stehen.

VII.

Eben so kann man auch die Eintheilung der Urtheile, der Relation und der Moralität nach, entbehren, weil diese gleichfalls schon durch die Qualität bestimmt sind.

ß

Der

Der Relation nach werden die Urtheile gemeiniglich in kathegorische, hypothetische und disjunktive eingetheilt. In den kathegorischen Urtheilen wird ein inneres Verhältniß zwischen Subjekt und Prädikat gedacht. Dieses Verhältniß ist aber, wenn es etwas bedeuten soll, kein anderes als das, die Qualität bestimmende transzendentale Verhältniß, daß nämlich das Subjekt auch an sich außer der Verbindung mit dem Prädikat; dieses aber nicht an sich, sondern als Prädikat, in der Verbindung, ein Gegenstand des Bewußtseyns seyn muß.

In den reziproken Urtheilen wird das Subjekt mit einem ihm möglichen Prädikat, als schon zu einem neuen Subjekt verbunden gedacht, und demselben ein anderes mit jenem Prädikat nothwendig verbundenes Prädikat beigelegt. Z. B. in diesem Urtheile: eine dreiseitige Figur hat drei Winkel, ist Figur das Subjekt das auch an sich, ohne die Bestimmung von drei Seiten oder drei Winkeln denkbar ist. Diese zwei Prädikate sind aber nothwendig mit einander verbunden, so daß, sobald das Subjekt (Figur) mit einem dieser ihm möglichen Prädikate (drei Seiten) zu einem neuen Subjekt (dreiseitige Figur) verbunden wird, ihm auch das andere Prädikat (drei Winkel) beigelegt werden muß; und so auch

auch umgekehrt, wird es mit diesem zu einem neuen Subjekt verbunden, muß ihm auch jenes beigelegt werden: eine dreiwinklichte Figur ist dreiseitig. Hier findet eben dieses Verhältniß statt. Das neue Subjekt (dreiseitige Figur muß zwar mit dem andern Prädikat (drei Winkel) in einer Einheit des Bewußtseyns gedacht werden. Aber dennoch ist dieses Subjekt auch an sich ein Gegenstand des Bewußtseyns. Das Prädikat aber ist kein Gegenstand des Bewußtseyns an sich, sondern bloß als Prädikat, und diese Prädikate können mit Recht Wechselbegriffe genannt werden.

Lambert. Organon. 1. Band. 3. Hauptstück §. 124. und fast alle neuere Logiker nach ihm nennen Wechselbegriffe das Subjekt und Prädikat in den identischen Sätzen. Diese sind aber in der That nicht Wechselbegriffe, sondern, wenn ich mich so ausdrücken darf, Wechselausdrücke für einen und eben denselben Begriff. Die von mir hier angegebenen hingegen sind in der That Wechselbegriffe, die zwar von einander verschieden sind, aber dennoch beide zur Erklärung eben desselben Objekts gleich brauchbar sind.

VIII.

Die hypothetischen Urtheile haben gleichfalls keinen philosophischen Ursprung. Sie

sind

sind nur der Art des Ausdrucks, nicht aber
dem Wesen nach, von den kathegorischen
unterschieden; und wenn man die im Subjekt
problematisch ausgedrückte Bedingung als
wirkliche Bestimmung desselben denkt, so
verwandelt man das hypothetische in ein ka-
thegorisches Urtheil; z. B. anstatt des hypothetischen Urtheils: wenn ein Dreieck
rechtwinklicht ist, so ist das Quadrat
der dem rechten Winkel gegen über liegenden Seite (der Hypothenuse) der Summe
der Quadrate der beiden übrigen Seiten
gleich, setzt man das kathegorische: In einem rechtwinklichten Dreieck u. s. w.

Und sollte auch das unter dieser Bedingung
gedachte Subjekt, seiner Natur nach, problematisch oder gar falsch seyn, so ist es doch
(da die Logik sich um den materiellen Inhalt der
Urtheile nicht bekümmert) nichts destoweniger
kathegorisch, z. B. anstatt des wirklich hypothetisch problematischen Obersatzes in dem Urtheile: Wenn das genaue Verhältniß des
Diameters zur Peripherie eines Zirkels
überhaupt anzugeben wäre, so könnte
auch der genaue Inhalt eines bestimmten
Zirkels angegeben werden, kann man das
kathegorisch-problematische brauchen: Das
genaue Verhältniß des Diameters zur
Peripherie eines Zirkels überhaupt bestimmt

ſtimmt den genauen Inhalt eines jeden
gegebenen Zirkels.

So könnte man auch anſtatt dieſes falſchen hypothetiſchen Urtheils: Wenn der
äußere Winkel eines Dreiecks anderthalb
mal ſo groß als die Summe der gegenüber liegenden innern Winkel wäre, ſo
würde der Winkel am Mittelpunkte des
Zirkels dreimal ſo groß ſeyn als der an
die Peripherie, dieſes falſche kathegoriſche ſetzen. Der am Mittelpunkt
des Zirkels liegende äußere Winkel eines Dreiecks, (der nach der falſchen Vorausſetzung, anderthalbmal ſo groß als die
Summe der gegenüber liegenden innern Winkel iſt) iſt dreimal ſo groß als der innere
an die Peripherie liegende auf eben den
Bogen ſtehende Winkel u. d. gl.

IX.

Die disjunktiven Urtheile ſind auch nichts
anders als mehrere, in einer einzigen Formel
ausgedrückte, kathegoriſche Urtheile.

Ein Dreieck iſt entweder recht-
ſtumpf- oder ſpitzwinklicht, drückt in einer einzigen Formel folgende Urtheile aus:
Ein Dereieck kann rechtwinklicht ſeyn:

Ein

Ein Dreieck kann stumpfwinklicht seyn.
Ein Dreieck kann spitzwinklicht seyn.
Oder folgende: Ein rechtwinklichtes Drei=
eck ist ein Dreieck; ein stumpfwinklichtes
Dreieck ist ein Dreieck; ein spitzwinklich=
tes Dreieck ist ein Dreieck.

Alle diese Urtheile werden in keiner objek=
tiven, sondern in einer bloß subjektiven (Kol=
lektion) Einheit des Bewußtseyns zusammen=
gefaßt. Sie machen also in der That nicht
ein einziges Urtheil aus. Objektiv schließt
jede in diesem Urtheil gedachte Konstruktion die
übrigen aus. Oder man müßte dieses durch
folgende einfache kathegorische Urtheile so
ausdrücken: Das Recht = Spitz = und
Stumpfwinklichtseyn sind (sich einander zu
gleicher Zeit ausschließende) gleich mögliche
Bestimmungen eines Dreiecks.

Die Modalität hängt wiederum von der
Qualität ab, und wird durch dieselbe be=
stimmt.

Ich bemerke, daß es nur zweierlei Arten
von Urtheilen, der Modalität nach, giebt, näm=
lich apodiktische und problematische Urtheile.
Was die sogenannten assertorischen Urtheile
bedeuten sollen, weiß ich nicht, und erwarte
hierüber die Belehrung der Männer, die es bes=
ser verstehen als ich. Nach mir können sie
nichts anders seyn, als Wahrnehmungen ge=
wisser

wiſſer empyriſcher Verhältniſſe zwiſchen Objekten, die, wegen ihrer Gleichförmigkeit, uns
dieſes transzendentale Verhältniß zwiſchen dieſen Objekten vorauszuſetzen berechtigen.

Ein apodiktiſches Urtheil iſt ein ſolches,
wo entweder der Begriff des Prädikats im
Begriffe des Subjekts enthalten, oder das
Prädikat mit dem Subjekte in der Konſtruk-
zion eines einzigen Objekts nothwendig ver-
knüpft iſt. Ein Beiſpiel der erſten Art iſt:
Menſch iſt Thier. Ein Beiſpiel der zweiten:
Eine dreiſeitige Figur hat drei Winkel.

Ein problematiſches Urtheil iſt ein ſolches, deſſen objektive Realität ſo wenig als
das Gegentheil davon bewieſen iſt. Wird
hingegen das Eine oder das Andere bewieſen,
ſo iſt es nicht mehr ein problematiſches, ſondern apodiktiſches Urtheil, und beſtimmt die
nothwendige Möglichkeit eines Objekts.

Ehe man ein rechtwinklichtes Dreieck
konſtruirt, iſt das Urtheil: Ein Dreieck kann
rechtwinklicht ſeyn, bloß problematiſch.
Nach der eingeſehenen Möglichkeit der
Konſtrukzion aber, iſt dieſes Urtheil, ungeachtet dieſes verzweifelten Kann, eben ſo apo-
diktiſch als dieſes: Ein Dreieck hat drei
Winkel. So auch ehe man die Unmöglichkeit der Konſtrukzion eines Dekäders ein-
ſieht, iſt dieſes Urtheil: Ein regulairer kör-

per-

perlicher Raum kann von zehn gleichen
Flächen eingeschlossen seyn, problematisch.
Wird hingegen diese Unmöglichkeit eingesehen, so ist dieses Urtheil ungeachtet dieses
hoffnungsvollen Kann, apodiktisch verneinend, u. d. gl.

So weit von der Logik im Allgemeinen.
Ich komme nun zu den besondern Eintheilungen
dieser Wissenschaft in die Lehre von Begriffen,
Urtheilen, und Schlüssen. Also erstlich

I.

Von den Begriffen.

Begriff, als der Anschauung entgegengesetzt, ist ein in einer Einheit des Bewußtseyns gedachtes Mannigfaltiges. Das Bewußtseyn eines jeden Theils dieses Mannigfaltigen an sich, außer seiner Verbindung mit
den übrigen Theilen, in einer Einheit des
Bewußtseyns, ist Anschauung.

Begriff, als der Vorstellung entgegengesetzt, ist das, was als Bestandtheil mehrerer, in einer Einheit des Bewußtseyns zu
verbindenden mannigfaltigen, gedacht wird, indem Vorstellung sich auch auf ein einzelnes,

in

in einer Einheit des Bewußtseyns zu ver=
bindendes Mannigfaltige bezieht.

Begriff ist ein Produkt des Denkens.
Alles Denken aber besteht, in der Verbin=
dung eines Mannigfaltigen in einer Einheit
des Bewußtseyns. Die Verbindung des
Mannigfaltigen in einer Einheit des Be=
wußtseyns aber setzt das Bewußtseyn eines
jeden Bestandtheils des, in einer Einheit des
Bewußtseyns zu verbindenden Mannigfalti=
gen an sich, voraus. Dieses ist kein Pro=
dukt des Denkens, sondern bloß der ihm
gegebene Stoff. Das Bewußtseyn dieses
Stoffs an sich außer der Verbindung, ist
Anschauung (von Etwas). Ein, schon, in
einer Einheit des Bewußtseyns verbunde=
nes Mannigfaltiges kann wiederum als
Stoff betrachtet, Bestandtheil eines neuen in
einer Einheit des Bewußtseyns zu verbin=
denden Mannigfaltigen werden, u. s. w. Ja
es kann selbst als Bestandtheil mehrerer, in
einer Einheit des Bewußtseyns zu verbin=
dender Mannigfaltigen gedacht werden, und
ist alsdann der Vorstellung die auch als Be=
standtheil eines einzelnen, in einer Einheit
des Bewußtseyns zu verbindenden Mannig=
faltigen gedacht wird, entgegengesetzt. Ich
will dieses durch ein einziges Beispiel erläu=
tern. Ich finde durch Reflexion über mein

Be=

Bewußtseyn eines Porträts 1) Vorstellung
(des Sichtbaren) eines einzelnen Menschen.
2) Diese Vorstellung von dem Individuellen abstrahirt, giebt den Begriff der menschlichen Gestalt überhaupt. Hier finde ich a)
ein Mannigfaltiges von Theilen, das zu
einem Ganzen, in einer Einheit des Bewußtseyns verbunden ist. b) Die von dem
Individuellen abstrahirte menschliche Gestalt
kann so gut mit dem Individuellen, wovon
ich sie abstrahirt habe, als auch mit andern
Individuellen in einer Einheit des Bewußtseyns
statt finden. Sie enthält also eine doppelte
Einheit; nämlich eine innere, wodurch das
Mannigfaltige in einer Einheit des Bewußtseyns, zu einem einzigen Objekt, und eine
äußere Einheit, wodurch mehrere auf diese
Art gedachte Objekte in einer Einheit des Bewußtseyns überhaupt (nicht eben zu einem
einzigen Objekt) verbunden werden. c) Die
Theile, woraus das Ganze der menschlichen
Bildung zusammengesetzt ist, sind wiederum,
durch Verbindung ihres Mannigfaltigen in
einer Einheit des Bewußtseyns gedachte Ganze an sich, obschon sie vorher (in Rücksicht auf
das Ganze der menschlichen Bildung, wovon
sie Theile sind) nicht als solche betrachtet worden sind u. s. w.; bis man zuletzt zu solchen
Theilen gelangt, die keine Verbindung des
Man-

Mannigfaltigen in einer Einheit des Be=
wußtseyns enthalten, und daher nur als
Theile, nicht aber als (gedachte) Ganze an
sich betrachtet werden müssen. Diese sind die
gegebene absolute Anschauungen, die bloß
Objekte des Denkens (des durch Denken zu
bearbeitenden Stoffs) nicht aber gedachte Ob=
jekte seyn können.

Durch a) wird der Begriff von der
menschlichen Gestalt, von der bloßen An=
schauung seiner absoluten Bestandtheile, und
durch b) wird er von der, sich auf einen einzel=
nen Menschen beziehenden Vorstellung, un=
terschieden. Aus c) erhellet, daß selbst ein
Begriff, als eine Anschauung angesehn,
mit andern Begriffen oder Anschauungen in
einer Einheit des Bewußtseyns verbun=
den, einen neuen Begriff bilden kann.

Ich sage mit Fleiß: als eine Anschauung
angesehen, d. h. in der zweiten Verbindung
muß die erste Verbindung nicht wirklich vor=
gehen, sondern als schon vorgegangen, ge=
dacht werden; weil beide Verbindungen zu=
gleich in einer Einheit des Bewußtseyns
unmöglich sind. Man kann nicht den Begriff
eines Dreiecks überhaupt, und den Be=
griff eines rechtwinklichten Dreiecks zu=
gleich, durch eine und eben dieselbe Opera=
tion des Denkens, bilden. Die diese Be=
griffe

griffe beſtimmenden Urtheile ſind, ihrer Ma=
terie nach, verſchieden. Das den Begriff
eines Dreiecks überhaupt beſtimmende Ur=
theil iſt: Raum kann in drei Linien einge=
ſchloſſen ſeyn. Das, den Begriff eines
rechtwinklichten Dreiecks beſtimmende Ur=
theil hingegen, iſt: Linien können (indem ſie
auf einander perpendikulär ſtehen) einen rech=
ten Winkel einſchließen. Wie können alſo
dieſe beiden Urtheile, und folglich auch die
durch ſie beſtimmten Begriffe in einer Einheit
des Bewußtſeyns Statt finden?

Wenn ich alſo das Urtheil: ein Dreieck
kann rechtwinklicht ſeyn fälle, und dadurch
den Begriff eines rechtwinklichten Dreiecks
bilde, ſo muß ich nicht zugleich die Bildung
des Begriffs eines Dreiecks überhaupt
erſt vornehmen, ſondern dieſelbe als ſchon
vorgegangen, vorausſetzen. Die Verbin=
dung des Mannigfaltigen in einer Einheit
des Bewußtſeyns von einem Dreiecke
überhaupt wird, im gedachten Urtheile, bloß
ſymboliſch vorgeſtellt. Dahingegen die
Verbindung des Mannigfaltigen (Dreieck
überhaupt und das Rechtwinklichtſeyn) in
einer Einheit des Bewußtſeyns von dem
rechtwinklichten Dreieck wirklich dargeſtellt
wird.

Nach=

Nachdem ich also gezeigt habe, worin sich
Anschauung, Vorstellung und Begriff
von einander unterscheiden, will ich nun zei=
gen, worin sie sich vom Objekte, worauf sie
bezogen werden, unterscheiden.

Anschauung eines Objekts, heißt nicht,
Anschauung eines Objekts außer dem Be=
wußtseyn. Dieses hat gar keine Bedeutung.
Die rothe Farbe z. B. ist eine Anschauung.
Aber was wird dadurch angeschauet? Das
Ding außer dem Bewußtseyn, das im
Bewußtseyn roth ist, ist ein Unding! Daß
man doch geneigt ist, die Anschauung so vor=
zustellen, beruht auf eine leicht zu erklärende
Illusion der Einbildungskraft. Durch
die rothe Farbe wird nichts anderes ange=
schauet, als die rothe Farbe.

Soll sich also Anschauung auf ein Ob=
jekt außer derselben beziehen, so kann sie sich
nicht auf ein Objekt außer dem Bewußt=
seyn, sondern auf ein Objekt des Bewußt=
seyns, (das aber selbst keine Anschauung,
sondern irgend eine andre Funktion des Be=
wußtseyns ist) beziehen. Anschauen bezieht
sich aufs Denken, so wie dieses sich auf jenes
bezieht. Eine Anschauung ist ein Objekt
des Denkens, d. h. ein solches, das durch
Denken, ein gedachtes Objekt ausmacht.
Dieses gedachte Objekt ist wiederum Objekt
der

der Anschauung, d. h. ein solches, wodurch
dieses gedachte Objekt angeschauet wird;
z. B. die weiße Farbe, der süße Geschmack
u. s. w. werden in einer Einheit des Bewußtseyns verbunden, als ein einziges Objekt im Zucker gedacht. Die weiße Farbe,
der süße Geschmack, u. s. w. sind Anschauungen, und in so fern sie durchs Denken, in einer Einheit des Bewußtseyns, zu einem einzigen Objekt verbunden werden können, Objekte des Denkens. Das, durch diese
Verbindung mögliche Objekt, der Zucker
selbst, ist das gedachte Objekt. Das Objekt der Anschauung der weißen Farbe ist also
das gedachte Objekt, der Zucker, so wie das
Objekt des Denkens (der Verbindung) die
Anschauung der weissen Farbe ist.

Eben so ist das Objekt der Vorstellung
(das vorgestellte Objekt) von einem Porträte
nichts anders, als der, durch die Verbindung dieser Vorstellung als Merkmal, mit
noch andern Merkmalen, in einer Einheit des
Bewußtseyns, gedachte Mensch, so wie
wiederum diese Vorstellung Objekt des
Denkens, d. h. ein solches, das mit noch
andern Merkmalen in einer Einheit des
Bewußtseyns verbunden, ein gedachtes
Objekt, Mensch wird.

Der

Der Begriff eines Objekts kann nicht
durch die innere Einheit, sondern bloß durch
die äußere Einheit, vom Objekte selbst unterschieden werden. Ein Dreieck überhaupt
ist, vermöge der inneren Einheit, wodurch
das Mannigfaltige darin (Raum, drei Linien)
in einer Einheit des Bewußtseyns verbunden
wird, Begriff und Objekt zugleich, so gut
als ein rechtwinklichtes, und dieses wiederum so gut als ein durchgängig bestimmtes
Dreieck. Dahingegen ein durchgängig bestimmtes Dreieck keine äußere Einheit hat.
Es ist also ein absolutes Objekt, und nicht
wiederum Begriff eines Objekts. Ein
rechtwinklichtes Dreieck ist, in Ansehung
dieser äußeren Einheit, in Beziehung aufs
Dreieck überhaupt, durch dessen äußere Einheit es mit andern (stumpf- und spitzwink-
lichtes Dreieck u. s. w.) verbunden wird, Objekt; in Beziehung auf ein noch mehr bestimmtes Dreieck aber, Begriff eines Objekts, u. d. gl.

Alle Funktionen des Bewußtseyns beziehn sich also auf einander, und bestimmen
einander wechselsweise. Keine derselben bezieht sich auf ein fingirtes Etwas, wovon
(außer dieser angedichteten Beziehung selbst)
nichts im Bewußtseyn anzutreffen ist; wie
dieses

dieſes in der Folge noch umſtändlicher gezeigt werden ſoll.

II.

Ein Begriff der durch keine innere, ſondern bloß durch eine äußere Einheit gedacht wird, iſt ein allgemeiner; ein Begriff der durch beiderlei Einheiten gedacht wird, iſt ein beſonderer; ein Begriff der bloß durch eine innere, nicht aber durch eine äußere Einheit gedacht wird, iſt einzelner Begriff.

Die Formen der Anſchauung, Zeit und Raum ſind, in ſo fern ſie alle, in Zeit und Raum beſtimmte Objekte unter ſich begreifen, allgemeine Begriffe. Da ſie aber ſelbſt Anſchauungen ſind, und ſich zwar auf die unter ihnen begriffenen Objekte beziehen, ſelbſt aber kein in einer Einheit des Bewußtſeyns gedachtes Mannigfaltiges, und folglich keine gedachte Objekte ſind, ſo werden ſie offenbar bloß durch eine äußere, aber durch keine innere Einheit gedacht. Auf eben die Art ſind die Formen des Denkens oder die Begriffe die ſich, als Bedingungen des Denkens eines Objekts überhaupt, auf alle denkbare Objekte beziehen, allgemeine Begriffe. Sie ſind keine, in einer Einheit ge-
dach-

dachten Mannigfaltige, sondern selbst Einheiten, worinn ein Mannigfaltiges überhaupt gedacht werden muß. Die Begriffe
bestimmter (aber nicht durchgängig bestimmter) Objekte z. B. eines Dreiecks, eines Zirkels u. d. gl. sind besondere Begriffe. Sie
werden durch beiderlei Einheiten gedacht.
Ihr Mannigfaltiges ist in einer Einheit des
Bewußtseyns eines einzigen Objekts verbunden (innere Einheit) und alle darunter begriffenen Objekte werden in einer Einheit
des Bewußtseyns überhaupt (äußere Einheit) verbunden. Z. B. in diesem Urtheile:
Das recht - stumpf - und spitzwinklichte
Dreieck ist ein Dreieck, wo das recht-
stumpf - und spitzwinklichte Dreieck durch
den Begriff eines Dreiecks überhaupt,
zwar nicht zur Einheit des Bewußtseyns eines einzigen Objekts (eines recht - stumpf-
spitzwinklichten Dreiecks) sondern zu einer
Einheit des Bewußtseyns überhaupt verbunden wird, ist der Begriff des Prädikats
(des Dreiecks überhaupt ein besonderer Begriff. Ein rechtwinklichtes Dreieck von
bestimmter Seitengröße (und wenn man
will, auch, von bestimmtem Ort und Zeitpunkt) ist ein einzelner Begriff. Sein
Mannigfaltiges wird in einer Einheit des
Bewußtseyns zu einem einzigen Objekt ver-

M   bun-

bunden. Es wird also durch eine innere Einheit gedacht. Da es aber durchgängig bestimmt ist, so begreift es nichts unter sich. Es hat also keine äußere Einheit. Die besondern Begriffe können komparative, allgemeine und besondere, in Beziehung auf einander, seyn.

III.

Ein dunkler Begriff ist ein unbestimmtes Bewußtseyn überhaupt. Ein deutlicher Begriff ist ein solcher, von dessen Mannigfaltigen sowohl, als von seiner Verbindung, man ein bestimmtes Bewußtseyn hat. Wo nicht, so ist er ein undeutlicher Begriff. Ein undeutlicher Begriff ist klar, wenn man sich seines Mannigfaltigen darum nicht bewußt ist, weil es kein Mannigfaltiges enthält; verworren, wenn es ein Mannigfaltiges enthält, man sich aber dessen unbewußt ist.

Wenn ich das Brausen der Meereswellen höre, so höre ich nothwendig (da das Brausen der Welle aus ihrer Bewegung, und die Bewegung der ganzen Welle aus den Bewegungen ihrer Theile zusammengesetzt ist), das Geräusch, den jeder Tropfen durch seine Be-

we-

wegung macht. Die Kleinheit dieses Geräu-
sches aber, das Zugleichseyn und die geschwin-
de Folge mehrerer solcher Geräusche macht,
daß ich von einem jeden derselben ein unbestimmtes Bewußtseyn erhalte. Hätte ich
davon gar kein Bewußtseyn, so könnte ich auch
von dem daraus zusammengesetzten Geräusch
der Welle kein Bewußtseyn erhalten: ich habe
also nohwendig ein unbestimmtes Bewußtseyn oder einen dunkeln Begriff eines Geräu-
sches überhaupt. Unter einen solchen dunkeln Begriff lassen sich daher keine Objekte
subsumiren. Von einem Dreiecke z. B. habe ich sowohl von seinem Mannigfaltigen
(Raum, drei Linien) als von seiner Verbindung zu einem einzigen Objekt (Raum in
drei Linien eingeschlossen) ein bestimmtes, von
allen übrigen unterschiedenes Bewußtseyn. Ich
kann ihm daher Objekte subsumiren. Von
der Einheit z. B. habe ich gleichfalls ein bestimmtes, von allen übrigen verschiedenes, Bewußtseyn. Ich werde sie, so wenig mit Zahl,
als mit Farbe u. s. w. verwechseln. Ich
kann ihr daher Objekte subsumiren. Daß ich
von ihrem Mannigfaltigen kein Bewußtseyn
habe, davon liegt die Schuld nicht in mir, sondern bloß darinn, daß sie kein Mannigfaltiges
enthält. Ich habe also von der Einheit einen klaren Begriff. Der gemeine Mann hat

M 2   von

von Wahrheit, Schönheit, Gerechtigkeit ein Bewußtseyn. Er kann daher denselben Objekte subsumiren. Er kann sagen,
dieses ist wahr, schön, gerecht u. s. w. Da
er aber von dem Mannigfaltigen, das darinn
wirklich anzutreffen ist, keinen völlig bestimmten Begriff hat, so irrt er sich nicht selten in
dieser Subsumtion. Er hat also davon einen verworrenen Begriff.

IV.

Ein Begriff ist entweder synthetisch, oder
analytisch deutlich. Wenn das Bestimmbare darinn dem dadurch Bestimmten im Bewußtseyn vorhergehet, so wird er synthetisch.
Geht hingegen das Bestimmte dem Bestimmbaren vorher, so wird er analytisch
deutlich.

Ein jeder Begriff, d. h. eine jede Verbindung des Mannigfaltigen in einer Einheit
des Bewußtseyns setzt nicht nur die Möglichkeit des Mannigfaltigen an sich, sondern auch die Möglichkeit seiner Verbindung zu einem einzigen Objekt, voraus.
Soll diese Möglichkeit begreiflich gemacht
werden können, so muß sich das Mannigfaltige nicht nur nicht widersprechen, d. h. keinen

nen Grund der Unmöglichkeit sondern auch
einen Grund der Möglichkeit enthalten.
Dieser Grund besteht darinn, daß das Mannigfaltige aus zweien sich auf einander beziehenden Theilen bestehet, nämlich aus Etwas
das nicht nur an sich, sondern auch als ein
durch den andern Theil Bestimmbares ein
Gegenstand des Bewußtseyns seyn kann;
und aus Etwas das nicht an sich, sondern als
Bestimmung von Jenem, ein Gegenstand
des Bewußtseyns seyn kann. Kann hingegen ein jedes an sich ein Gegenstand des Bewußtseyns seyn, so hat ihre Verbindung
in einem einzigen Bewußtseyn keinen
Grund. Kann keines derselben an sich ein
Gegenstand des Bewußtseys seyn, so können sie nicht zu einem einzigen Objekte, sondern bloß zu einem einzigen Verhältniß,
in einer Einheit des Bewußtseyns verbunden werden.

Will man also den Begriff eines Objekts
deutlich machen, so kann es entweder dadurch
geschehen, daß man erstlich durch ein synthetisches Urtheil das im Objekte, durch die Bestimmung Bestimmbare, als ein solches
denkt, und hernach die Bestimmung hinzu-
fügt. So wird z. B. der Begriff eines Dreiecks deutlich, wenn man erstlich Raum, als
etwas an sich Denkbares, durch drei Linien

Be-

Beſtimmbares, durch das Urtheil: Ein
Raum kann von drei Linien eingeſchloſſen
werden, denkt; hernach aber denſelben durch
dieſe Beſtimmung wirklich beſtimmt. Oder
man denkt erſtlich den beſtimmten Begriff,
nachher abſtrahirt man das Beſtimmbare darinn von der Beſtimmung und denkt ihr Verhältniß zu einander durch ein analytiſches Urtheil. Wie wenn man im vorigen Beiſpiel, den
Raum, von der Beſtimmung der drei Linien
abſtrahirt, und ihr Verhältniß zu einander durch
dieſes analytiſche Urtheil: Raum in drei
Linien eingeſchloſſen, iſt Raum beſtimmt.
Dadurch wird der Begriff des Dreiecks analytiſch deutlich.

Man muß ſich nicht daran ſtören, wenn
ich die Deutlichmachung der Begriffe mit
ihrer erſten Bildung auf einerlei Art be-
werkſtelligen laſſe. Denn wie kann man ſich
ſonſt einen Begriff deutlich machen, wenn man
ihn nicht ſeiner Entſtehungsart nach, wirklich denkt, d. h. hervorbringt. ?

Daß es ferner Grade der Deutlichkeit
giebt, und daß ein Begriff der, in Anſehung
der daraus zu ziehenden Folgen, hinlänglich deutlich iſt, ausführlich genennt wird,
iſt aus allen Logiken bekannt genug.

V. Be-

V.

Begriffe sind entweder einerlei (der eine kann an die Stelle des andern gesetzt werden) oder nicht einerlei (verschieden). Die Begriffe die einerlei sind, sind entweder an sich, oder bloß in Ansehung ihrer Folgen einerlei. Die Begriffe, die in Ansehung ihrer Folgen einerlei sind, sind Wechselbegriffe.

Figur und beschränkter Raum z. B. sind (ob schon dem Ausdruck nach verschieden, dennoch als Begriffe an sich einerlei. Dreiseitige Figur und dreiwinklichte Figur hingegen sind nicht an sich, sondern bloß in Ansehung ihrer Folgen (indem alles was dem einen Begriff zukommt, auch dem Andern zukommen muß) einerlei. Sie sind also nicht bloß Wechselausdrücke, sondern Wechselbegriffe. Wechselbegriffe sind auch gleichgeltend, d. h. man kann einen an die Stelle des andern setzen.

VI.

Begriffe die nicht einerlei sind, sind entweder bloß verschieden oder entgegengesetzt. Begriffe die einerlei oder entgegengesetzt sind vermehren die materielle Erkenntniß nicht.

M 4   Be-

Begriffe die aber bloß verschieden sind, ver=
mehren die materielle Erkenntniß.

'Daß Begriffe die einerlei sind,' da=
durch daß man sie in der Vergleichung als
mehrere Begriffe betrachtet, die materielle
Erkenntniß nicht vermehren, ist offenbar.
Denn durch die Vergleichung, wird bloß
eben derselbe Begriff der Form der Einer=
leiheit subsumirt. Aber eben so wenig kön=
nen entgegengesetzte Begriffe durch ihre
Vergleichung als solche die materielle Er=
kenntniß vermehren. Denn ob zwar non a,
als dem a entgegengesetzt, nicht mit demsel=
ben einerlei ist, so wird doch durch dieses non
a die Erkenntniß nicht vermehrt, indem es
kein besonderes Materielle, sondern bloß die
Form der Verneinung mit dem a verknüpft,
bedeutet.

Begriffe die einerlei sind müssen in einer
Einheit der Identität, können aber nicht in
einer zusammenfassenden Einheit des Be=
wußtseyns gedacht werden. Begriffe die
entgegengesetzt sind, müssen als solche, so
wohl in einer Einheit der konstitutiven
Identität, als in einer Einheit der Zu=
sammenfassung, aber sie können in keiner (ne=
gativen) Einheit des Bewußtseyns gedacht
werden. Begriffe die verschieden sind, können
in keiner Einheit der Identität, wohl aber

in

in einer Einheit des Zusammenfassens ge=
dacht werden.

Die logische Verneinung, in Beziehung
auf die Einheit der Zusammenfassung, giebt
entweder Zero oder Minus. Ist nämlich
das Prädikat keine mögliche Bestimmung
des Subjekts, so giebt ihr Zusammendenken
Zero. Ist hingegen das Prädikat eine mög=
liche Bestimmung des Subjekts, und wird
bloß darum von demselben verneint, weil
eine ihr entgegengesetzte gleichfalls mögliche
Bestimmung schon im Subjekt, als Be=
stimmung, gedacht wird, so giebt es Minus.
Dieses Urtheil z. B. die Tugend ist nicht
gesetzlos, giebt den Werth der gesetzlosen Tu=
gend Minus, weil die der Gesetzlosigkeit ent=
gegengesetzte Gesetzmäßigkeit schon in der
Tugend, als Bestimmung, gedacht wird.
Dahingegen dieses Urtheil: die Tugend ist
nicht viereckigt, den Werth der viereckigten
Tugend Zero macht, weil so wenig das
Viereckigtseyn, als das diesem Entgegenge=
setzte, eine mögliche Bestimmung der Tu=
gend ist.

VII.

Ein Begriff ist (logisch) nothwendig,
wenn das Mannigfaltige darinn an sich,

außer

außer der Verbindung, nicht gedacht werden kann. Wirklich, wenn der eine Theil des verbundenen Mannigfaltigen auch an sich, außer der Verbindung, der andere Theil hingegen, nicht an sich, sondern bloß in der Verbindung, gedacht werden kann. Möglich ist ein Begriff, von dem diesem dieses zweifelhaft ist.

Die Glieder eines Verhältnisses bestimmen sich einander wechselsweise, sie können also nicht ohne einander gedacht werden; ihre Verbindung in einer Einheit des Bewußtseyns ist also nothwendig. Z. B. Ursache und Wirkung, Einheit und Vielheit u. d. g. In den Begriffen reeller Objekte kann zwar das Bestimmbare auch an sich, außer der Verbindung mit der Bestimmung, es kann aber auch in dieser Verbindung gedacht werden. Dieses können wird aber bloß dadurch eingesehn, daß es wirklich in dieser Verbindung gedacht wird. Die Bestimmung kann ohne das Bestimmbare nicht gedacht werden. Wird sie also gedacht, so muß die Verbindung wirklich vorhergegangen seyn. Diese Verbindung in einem einzigen Begriff ist also, in Ansehung beider, nicht bloß möglich, sondern wirklich. Z. B. der Begriff eines rechtwinklichten Dreiecks. In den problematischen Begriffen ist es zweifelhaft, ob die

Glie-

Glieder des Mannigfaltigen darinn im Objekte übereinstimmen, oder einander entgegengesetzt sind. Der Begriff eines regulären Dekäders z. B. ist (ehe man dessen Unmöglichkeit durch Konstruktion eingesehen hat) bloß logisch möglich.

Von den Urtheilen.

VIII.

Urtheilen ist diejenige Handlung des Erkenntnißvermögens, wodurch ein Begriff entsteht und deutlich gemacht wird. Alles was daher von den Begriffen gilt, gilt auch von den ihnen entsprechenden Urtheilen. So wie es zweierlei Entstehungsarten der Begriffe giebt, so giebt es auch zweierlei Arten von Urtheile, nämlich synthetische und analytische Urtheile. Ein synthetisches Urtheil macht den Begriff ausführlich; ein analytisches aber unausführlich deutlich.

Der Begriff eines rechtwinklichten Dreiecks entsteht nicht nur, sondern wird auch ausführlich deutlich, durch dieses synthetische Urtheil: Ein Dreieck kann rechtwinklicht seyn;

seyn; worinn Dreieck, als das Bestimm=
bare, und das Rechtwinklichtseyn, als
seine Bestimmung, in einer Einheit des
Bewußtseyns gedacht wird. Er wird aber
unausführlich deutlich durch dieses analy=
tische Urtheil: Ein rechtwinklichtes Drei=
eck ist ein Dreieck; worinn nur das Be=
stimmbare in diesem Begriffe entwickelt wor=
den ist.

Identische Urtheile sind in der That gar
keine Urtheile. Sie enthalten bloß die Ein=
heit ohne das Mannigfaltige, welches nicht
wirklich gedacht, sondern bloß durch die Form
dieser Urtheile, als ein solches fingirt wird.

Verneinende Urtheile machen gleichfalls
den Begriff deutlich, nicht zwar durch ein in=
neres, sondern bloß durch ein äußeres Merk=
mal, nämlich dadurch, daß er als einem an=
dern entgegengesetzt gedacht wird.

Sagt man: ein Urtheil ist nicht der Be=
griff selbst, sondern die Subsumtion eines
Objekts unter demselben, so frage ich: Was
ist das Objekt, außer seinem Begriff? So
bald der Begriff adäquat ist, so ist Be=
griff und Objekt eben dasselbe.

Durch die hypothetischen und disjunkti=
ven Urtheile werden auch Begriffe deutlich
gemacht. In diesem Urtheile z. B.: Wenn
die Quadratur des Zirkels möglich wäre,
so

so wäre auch die genaue Ausmeſſung eines jeden gegebenen Zirkels möglich, wird
der Begriff, worinn die Quadratur des
Zirkels und ſeine Ausmeſſung in einer Einheit des Bewußtſeyns gedacht wird, deutlich gemacht; eben ſo wie in dieſem Urtheile:
Wenn eine Figur drei Seiten hat, ſo hat
ſie auch drei Winkel, der Begriff, worinn drei Seiten und drei Winkel, in einer
Einheit des Bewußtſeyns gedacht, deutlich gemacht wird. So wird auch in dieſem
Urtheile: Ein Dreieck iſt entweder recht-
oder ſtumpf- oder ſpitzwinklicht, der Begriff, worinn das Rechtwinklicht- Stumpf-
winklicht- und Spitzwinklichtſeyn, als
mögliche Beſtimmungen des Dreiecks, in
einer Einheit des Bewußtſeyns, gedacht
werden, deutlich gemacht. Auch in dem
Erfahrungsurtheil: a iſt Urſache von
b, wird der Begriff, worinn die Form der
hypothetiſchen Sätze, mit den gegebenen
Objekten a und b in einer Einheit des Bewußtſeyns gedacht werden, deutlich gemacht,
indem, wie ſchon geſagt worden, Begriff
überhaupt, alles was ein Mannigfaltiges in einer Einheit des Bewußtſeyns begreift, bedeutet.

Der Grund, warum man gemeiniglich die
Urtheile, als etwas von den Begriffen ver-
ſchie-

schiedenes, betrachtet, beruht darauf, daß wir
nicht zwei, der Materie nach verschiedene
Synthesis subjektiv zugleich vornehmen können, obschon sie an sich objektiv eine einzige
Synthesis ausmachen. Wir können nur die
objektiv unmittelbar verbundenen Glieder
verschiedener Synthesis in einer Einheit des
Bewußtseyns, anschauend, verbinden, die
mittelbar verbundene hingegen können wir
nur wegen der schon vor sich gegangenen Verbindung derselben mit Jenen) symbolisch denken. Ich denke z. B. den Begriff eines
Dreiecks anschauend, indem ich Raum
und drei Linien in einer Einheit des Bewußtseyns unmittelbar denke. In diesem
Begriff darf kein überflüßiges Merkmal enthalten seyn, weil er sonst dadurch ein ganz anderer Begriff wird. Nun denke ich ein
rechtwinklichtes Dreieck dadurch, daß
ich zwei Linien des Dreiecks mit einem rechten Winkel in einer Einheit des Bewußtseyns denke. Ich erkenne die Entstehungsart des rechtwinklichten Dreiecks anschauend. Die Erkenntniß von der Entstehungsart des Dreiecks überhaupt aber
wird von mir, als schon vorhergegangen
vorausgesetzt, und jetzt bloß symbolisch gedacht. In der neuen Verbindung also von
Dreieck und rechten Winkel, wird Dreieck

eck nicht als ein Begriff (in einer Einheit
des Bewußtseyns verbundenes Mannigfaltiges), sondern als eine bloße Anschauung, die die Materie einer neuen Verbindung
ausmachen soll, betrachtet. Nun ist freilich ein
Urtheil, welches Verbindung des Mannigfaltigen in einer Einheit des Bewußtseyns enthält, von bloßer Anschauung, die
keine solche Verbindung enthält, verschieden. Daher kommt es, daß man sich kaum
erwehren kann, auch den Begriff, der im Urtheile als eine bloße Anschauung betrachtet
wird, und der von diesem Urtheile, worinn
er als Subjekt verschieden ist, als vom Urtheile überhaupt verschieden, zu betrachten.

IX.

Allgemeine Urtheile sind solche, deren
Subjekt das, durch irgend eine Bestim-
mnng, Bestimmte und zugleich etwas auf
mehr als einerlei Art Bestimmbare, und
deren Prädikat das dadurch Bestimmbare
ist. Sie sind in der That Schlußsätze ab-
gekürzter Schlüsse. Besondere Urtheile sind
solche, deren Subjekt etwas auf mehr als
einerley Art, und außerdem noch durch das
Prädikat Bestimmbares, und deren Prädikat

difat die gedachte Beſtimmung iſt; ſie ſind gleichfalls abgekürzte Vernunftſchlüſſe. Einzelne Urtheile ſind ſolche, deren Subjekt durchgängig beſtimmt, und folglich nicht mehr beſtimmbar iſt, und deren Prädikat eine, in ihm ſchon enthaltene, Beſtimmung iſt.

In dieſem Urtheile z. B.: Alle Menſchen ſind Thiere, iſt das Subjekt (mit Weglaſſung der Quantität) Menſch das durch Menſchheit beſtimmte Thier, und das Zeichen der Allheit zeigt, daß man Menſch als auf verſchiedene Arten beſtimmbar, (als Kajus, Titius u. ſ. w.) denkt, und das Prädikat das, durch die Menſchheit, beſtimmbare Thier. Dieſes Urtheil iſt Schlußſatz aus folgendem abgekürzten Vernunftſchluß: Alle Menſchen ſind Menſch (Menſch als das Beſtimmbare iſt nothwendig in allen beſtimmten Menſchen enthalten) Menſch iſt Thier. (Menſch als das Beſtimmte enthält nothwendig das dadurch beſtimmbare Thier.) Folglich ſind alle Menſchen Thier, oder (da ſie alle ſind) Thiere. In dieſem Urtheile: Einige Menſchen ſind gelehrt, zeigt dieſes Einige, daß Menſch mehr als auf einerlei Art (als Kajus, Titius u. ſ. w.) und noch außerdem durch Gelehrſamkeit beſtimmbar iſt, und das Prädikat gelehrt, iſt die jetzt gedachte

dachte Beſtimmung. Dieſes Urtheil iſt gleichfalls Schlußſatz aus folgendem Vernunftſchluß: Kajus, Titius u. ſ. w. ſind gelehrt. Kajus, Titius u ſ. w. ſind einige Menſchen, folglich ſind einige Menſchen gelehrt. In dieſem Urtheile: Dieſes Dreieck (in dieſem Ort und zu dieſer Zeit bezeichnete) iſt gleichſeitig, iſt das Subjekt durchgängig beſtimmt, und das Prädikat eine der in ihm gedachten Beſtimmungen. Denn wäre eine ihr entgegengeſetzte Beſtimmung (ungleichſeitig) gedacht, ſo könnte dieſe ihm nicht mehr beigelegt werden. Wäre hingegen die Gleichheit oder Ungleichheit der Seiten in ihm unbeſtimmt gelaſſen, ſo wäre es nicht durchgängig beſtimmt.

X.

Urtheile ſind bejahend, wenn das Prädikat eine, im Begriffe des Subjekts enthaltene (weſentliche Beſtimmung), oder vom Subjekte ſelbſt unzertrennliche (nothwendige Eigenſchaft) oder demſelben mögliche Beſtimmung iſt. Sie ſind verneinend, wenn eine, dem Prädikate entgegengeſetzte Beſtimmung im Begriffe des Subjekts oder im Subjekte ſelbſt enthalten iſt. Sie ſind un-

N   be-

bestimmt, wenn so wenig das Prädikat, als
sein Entgegengesetztes eine Bestimmung des
Subjekts abgeben kann.

Dieses analytische Urtheil z. B. Ein
Dreieck ist eine Figur, ist bejahend. Das
Prädikat Figur ist im Begriffe des Subjekts,
Dreieck (dreiseitige Figur) enthalten. Dieses synthetische Urtheil: Ein Dreieck (dreiseitige Figur) hat drei Winkel, ist gleichfalls
bejahend. Das Prädikat ist zwar nicht im
Begriffe des Subjekts, aber doch im Subjekte selbst enthalten: So auch dieses Urtheil: Ein Dreieck kann rechtwinklicht
seyn. Das Prädikat wird als eine mögliche Bestimmung des Subjekts, demselben
beigelegt. Dahingegen dieses Urtheil: Ein
Dreieck ist kein Zirkel, wo das Prädikat
(nicht von mehr als einer Linie eingeschlossen
seyn) dem Begriffe des Subjekts; so auch
dieses: Die Summe der Winkel eines
Dreiecks ist nicht mehr als zwei rechte
Winkel, wo das Prädikat dem Subjekte
selbst entgegengesetzt ist, verneinend sind.
Auch dieses: Ein rechtwinklichtes Dreieck
kann nicht gleichseitig seyn, ist verneinend.

Dieses Urtheil hingegen: Die Tugend
ist nicht winklicht, ist ein unbestimmtes
(alias unendliches) Urtheil. So wenig das
Wink-

Winklichtseyn als das Nichtwinklichtseyn
sind mögliche Bestimmungen der Tugend.
Das Winklichtseyn wird nicht deswegen von
der Tugend verneint, weil eine demselben
entgegengesetzte Bestimmung in dem Begriffe
der Tugend gedacht, oder in der Tugend
selbst enthalten ist, sondern deswegen, weil
das Winklichtseyn nicht mit der Tugend
in einer Einheit des Bewußtseyns gedacht
werden kann.

Die unendlichen Urtheile werden also nicht,
wie bisher von allen Logikern geschehen ist,
von den verneinenden Urtheilen bloß dem
Zeichen nach (daß man das Zeichen der Verneinung von der Kopula auf das Prädikat
schiebt) sondern wesentlich, unterschieden.
Sollte man einwenden, daß diese Erklärung
von unendlichen Urtheilen wider den logischen Sprachgebrauch ist, so kann ich dem
Ausdruck unendliche Urtheile, seine alte Bedeutung lassen, und werde diese neue Art von
Urtheilen unbestimmte Urtheile nennen. Es
ist hier nicht um Namen, sondern um Sachen zu thun!

XI.

Urtheile sind kathegorisch, wenn verschiedene Begriffe (oder auch Begriffe und Objekte)

jekte) in einer Einheit des Bewußtseyns
gedacht werden. Sie sind hypothetisch,
wenn verschiedene Urtheile in einer Einheit
des Bewußtseyns gedacht werden. Endlich
sind Urtheile disjunktiv, wenn alle mögliche
sich einander (zu gleicher Zeit) ausschließenden
Prädikate (Bestimmungen) eines Subjekts
demselben ausschließungsweise beigelegt
werden.

Alle bisher als Beispiele angeführte Urtheile sind kathegorisch.

Hypothetische Urtheile können einseitig
oder wechselseitig hypothetisch seyn. Ein
Beispiel der ersten Art, ist dieses einseitige
hypothetische Urtheil: Wenn in zweien
Dreiecken die Seiten des einen den Seiten des andern gleich sind, so sind auch
die respektive Winkel des einen den Winkeln des andern gleich; welcher Satz sich
nicht umkehren läßt. Ein Beispiel der zweiten Art ist dieses: Wenn ein Dreieck gleichseitig ist, so ist es auch gleichwinklicht;
und so auch umgekehrt.

Dieses Urtheil: Ein Dreieck ist entweder recht- oder stumpf- oder spitzwinklicht,
ist disjunktiv. Alle mögliche sich einander
(zu gleicher Zeit) ausschließende Bestimmungen des Dreiecks werden ihm als Prädikate,
ausschließungsweise, beigelegt.

XII.

XII.

Urtheile der Nothwendigkeit (apodiktische Urtheile) sind solche, wo entweder das Subjekt ohne das Prädikat nicht seyn, oder der Begriff des Subjekts ohne das Prädikat nicht gedacht werden kann. Urtheile der Möglichkeit (problematische Urtheile) sind solche, wo der Begriff des Subjekts auch an sich ohne das Prädikat gedacht werden kann, aus deren Verbindung aber ein neuer Begriff entsteht. Urtheile der Wirklichkeit (assertorische Urtheile) sind solche, wo man zwar das (zur Einheit des Bewußtseyns erforderliche) Verhältniß der Bestimmbarkeit zwischen dem Subjekt und dem Prädikat nicht einsieht, dasselbe aber, aus andern Gründen, voraussetzt.

Ich nenne die apodiktischen Urtheile, Urtheile der Nothwendigkeit, nicht aber nothwendige Urtheile, weil, in der That, alle Urtheile als solche nothwendig sind. Dieses Urtheil: Ein Dreieck ist möglich, ist in Ansehung der Aussage eben so nothwendig als dieses: Ein Dreieck hat drei Winkel. Das eine hat nicht mehr Evidenz als das andere. Die Modalität betrifft nur die Art der Verbindung zwischen Subjekt und Prädikat. In diesem ist die Verbindung

N 3   noth=

nothwendig (eine dreiseitige Figur hat noth=
wendig drei Winkel), in jenem hingegen bloß
möglich (Raum kann in drei Linien einge=
schloſſen werden).

Ein aſſertoriſches Urtheil iſt z. B. dieſes:
Das Gold iſt gelb, man mag das Merkmal
gelb als weſentliche Beſtimmung mit den
andern Merkmalen des Goldes, in ſeinem Be=
griffe verbunden denken, oder dieſes Merkmal
als Eigenſchaft, demſelben beilegen, ſo ſieht
man doch den Grund dieſer Verbindung nicht
unmittelbar ein, weil die gelbe Farbe mit
den andern Merkmalen des Goldes nicht in
dem Verhältniß der Beſtimmbarkeit ſte=
het, indem ſie auch außer der Verbindung ein
Gegenſtand des Bewußtſeyns iſt. Da
wir aber in der Erfahrung ſie einmal (in Zeit
und Raum) verbunden antreffen, ſo ſetzen
wir voraus, daß das (uns unbekannte) We=
ſen des Goldes ſo beſchaffen ſeyn muß, daß
die gelbe Farbe mit den andern Merkmalen
deſſelben in gedachtem Verhältniſſe gedacht
werden müſſen. —

Von

Von den Schlüssen.

XIII.

Schließen heißt das Mannigfaltige der Erkenntniß, in einer Einheit des Bewußtseyns nicht intuitiv, sondern durch eine vor-
hergegangene intuitive Erkenntniß symbolisch
denken.

Verschiedene gegebene Objekte schließen einander in eben demselben Bewußtseyn
aus. Roth und Grün können nicht in ein
einziges Bewußtseyn zusammenfließen. Aber
eben so wenig können verschiedene gedachte
Objekte in ein einziges Bewußtseyn zusam-
enfließen, z. B. Dreieck und Zirkel.. Es
können aber dennoch sowohl verschiedene gegebene als gedachte Objekte in einer Einheit
des Bewußtseyns verbunden werden.
Wenn aber verschiedene gedachte Objekte
(Begriffe) in einer Einheit des Bewußtseyns
verbunden werden sollen, so müssen sie als
bloß gegebene Objekte betrachtet werden, d.
h. die Verbindung des Mannigfaltigen
in einer Einheit des Bewußtseyns eines jeden an sich muß bloß als schon vorgegangen, vorausgesetzt, nicht aber wirklich jetzt
vorgenommen werden, weil verschiedene
Verbindungen nicht in einer Einheit des

Be-

Bewußtseyns gedacht werden können. Denn
Verbindungen können ohne das Verbun=
dene (Materielle) nicht auf eine bestimmte
Art, gedacht werden. Dieses aber ist in bei=
den verschieden, und kann folglich nicht in
ein einziges Bewußtseyn zusammenfließen.

Laßt uns folgende zwei Begriffe setzen:
Ein Dreieck, und ein rechtwinklichtes
Dreieck. Beide sollen durch das Urtheil:
Ein rechtwinklichtes Dreieck ist ein
Dreieck, in einer Einheit des Bewußt=
seyns verbunden werden. Nun behaupte
ich, daß in diesem Urtheile, nur diese Be=
griffe Dreieck und rechtwinklichtes Dreieck
intuitiv in einer Einheit des Bewußtseyns
verbunden, das Mannigfaltige eines jeden
aber in der ihm korrespondirenden Einheit
des Bewußtseyns, jetzt, als schon ver=
bunden vorausgesetzt, diese Verbindung
aber nicht wirklich vorgenommen werden
kann. Denn ein Dreieck wird durch die Ver=
bindung des Raumes mit drei Linien ge=
dacht. In dieser Verbindung darf der
rechte Winkel nicht vorkommen. Ein
rechtwinklichtes Dreieck aber setzt zwar
ein Dreieck überhaupt voraus, wird aber
dennoch bloß durch Verbindung zweier sei=
ner Linien mit einem rechten Winkel, ge=
dacht. Die Perpendikularität dieser Linien,

wo=

woburch der rechte Winkel bestimmt wird,
ist keine unmittelbare Bestimmung des
Dreiecks, sondern bloß dieser Linien, die
unmittelbar Bestimmungen des Dreieckes
sind. Diese Begriffe müssen also in diesem
Urtheile vorausgesetzt und mit Worten
bezeichnet werden; dahingegen dieses Urtheil selbst intuitiv ist.

Eben so ist es auch, wenn verschiedene
Urtheile in einer Einheit des Bewußtseyns verbunden werden sollen. Z. B. in
den hypothetischen Urtheilen, kann nur das
daraus verbundene hypothetische Urtheil intuitiv, die zu verbindenden Urtheile an sich
aber müssen symbolisch vorgestellt werden.

In dem Schlusse z. B. Ein Mensch ist
ein Thier; Kajus ist ein Mensch; folglich
ist Kajus ein Thier, wird der Obersatz so
wohl als der Untersatz intuitiv, der
Schlußsatz aber bloß symbolisch gedacht.
Es ist also hier gerade umgekehrt, als in den
vorerwähnten Fällen. Dort wird das dem
Urtheil gegebene Mannigfaltige symbolisch,
seine Verbindung aber intuitiv; hier aber
wird das Mannigfaltige (die Vordersätze)
intuitiv, seine Verbindung aber (der Schlußsatz) symbolisch gedacht. Dadurch werden
Schlüsse von andern Verbindungen von
Urtheilen, hinlänglich unterschieden.

XIV.

Unmittelbare Schlüsse, sind solche, wo=
rinn ein Urtheil aus einen allgemeinen
Grundsatz unmittelbar hergeleitet wird.

So sind, meiner Meinung nach, die soge=
nannten, allgemeinen und partifulairen Ur=
theile, in der That, unmittelbare Schlüsse,
aus dem Grundsatz: Die Allheit oder
Vielheit der Objekte ändert in ihrem Wesen
nichts. z. B. Dieses Urtheil: Alle Menschen
sind Thiere, folgt, nach der Vorausschickung
des Urtheils: Mensch ist Thier, aus gedach=
tem Grundsatze unmittelbar. Auch dieses:
Einige Menschen sind Thiere, braucht gar
nicht aus dem Urtheile: Alle Menschen sind
Thiere, sondern bloß aus diesem: Mensch
ist Thier, nach dem gedachten Grundsatze
unmittelbar, zu folgen.

Ein Vernunftschluß (unmittelbarer
Schluß) ist die Einheit oder der Zusam=
menhang der Erkenntniß nach dem Grund=
satze der Bestimmbarkeit. Es wird eine
Erkenntniß gegeben: a ist b und eine andere
Erkenntniß b ist c so folgt daraus: a ist c.

a ist b heißt a ist das Bestimmte und b
das Bestimmbare darinn. Folglich kann a
ohne b nicht gedacht werden. b ist c heißt
wiederum b ist das Bestimmte, c das Be=
stimm=

ſtimmbare. Folglich kann auch b ohne c
nicht gedacht werden. Folglich kann auch a
ohne c nicht gedacht werden, oder a iſt c.
Alſo werden a und c bloß dadurch in einer
Einheit des Bewußtſeyns verbunden,
weil ein jedes derſelben mit b nach dem
Grundſatze der Beſtimmbarkeit, in einer Einheit des Bewußtſeyns verbunden iſt.

————

Von den verſchiedenen Erkenntniß-
arten.

I.

Eine Erkenntniß iſt dem Erkenntnißvermögen
gegeben, in ſo fern der Grund dieſer Erkenntniß nicht im Erkenntnißvermögen, ſondern außer demſelben anzutreffen iſt, d. h.
in ſo fern die Entſtehungsart dieſer Erkenntniß
ſich nicht nach allgemeinen Geſetzen des Erkenntnißvermögens aus demſelben erklären läßt.
In ſo fern aber die Entſtehungsart einer Erkenntniß ſich nach allgemeinen Geſetzen des Erkenntnißvermögens aus demſelben erklären
läßt, iſt ſie von demſelben hervorgebracht.
Eine Erkenntniß iſt dem Erkenntnißvermögen

a po-

a posteriori gegeben, wenn sie nicht als Be=
dingung anderer Erkenntnisse in demselben
vorausgesetzt werden muß; im ehtgegengesetz=
ten Falle ist sie a priori gegeben. Das Ver=
mögen, Erkenntnisse, die sich nicht nach den
allgemeinen Gesetzen des Erkenntnißvermögens
aus demselben erklären laßen, zu erhalten, heißt
Sinnlichkeit. Diese auf ihren Grund außer
dem Erkenntnißvermögen bezogen, heißt An=
schauung (dieses Grundes, als ihres Objekts).

Ich erkenne z. B. das Gold als einen nach
drei Dimensionen ausgedehnten Körper, der
gelb u. s. w. ist. Die Entstehungsart der
gelben Farbe (im Bewußtseyn) läßt sich nicht,
nach allgemeinen Gesetzen des Erkenntnißver=
mögens aus demselben erklären, sie ist also dem=
selben bloß gegeben, und hat einen Grund au=
ßer demselben. Ferner ist die gelbe Farbe keine
Bedingung anderer Erkenntnisse, sie ist also
a posteriori gegeben. Die Entstehungsart der
Ausdehnung des Goldes nach drei Dimensio=
nen läßt sich gleichfalls nicht nach allgemeinen
Gesetzen des Erkenntnißvermögens aus dem=
selben erklären, ihre Vorstellung ist also gleich=
falls dem Erkenntnißvermögen gegeben. Da
aber diese Vorstellung nicht bloß dem Golde ei=
gen, sondern als Bedingung eines jeden Kör=
pers überhaupt erkannt wird, so ist sie a priori
gegeben. Die gelbe Farbe auf ihrem Grunde

(im

(im Golde) außer dem Erkenntnißvermögen (als
Vorstellung desselben) bezogen, heißt die Anschauung (dieses objektiven Grunds). Dahingegen die Verbindung der drei Dimensionen
mit der gelben Farbe u. s. w. in einer Einheit
des Bewußtseyns nicht demselben gegeben,
sondern nach allgemeinen Gesetzen einer jeden
Verbindung des Mannigfaltigen in einer Einheit des Bewußtseyns überhaupt, von demselben hervorgebracht wird.

Zeit und Raum sind dem Erkenntnißvermögen a priori gegebene Vorstellungen; sie
sind Bedingungen der Erkenntniß eines jeden
Objekts der Sinnlichkeit überhaupt. Raum
ist Bedingung der äußeren, und Zeit Bedingung der innern Anschauung eines Objekts der
Sinnlichkeit. Sie sind in den durchgängig bestimmten empyrischen Objekten der Sinnlichkeit
selbst Anschauungen a posteriori. Als Bedingungen unbestimmter empyrischer Objekte
der Sinnlichkeit überhaupt aber sind sie Anschauungen a priori.

Ich sage erstlich: Zeit und Raum sind dem
Erkenntnißvermögen gegebene, aber nicht von
demselben hervorgebrachte Vorstellungen, weil
man sich ihrer Entstehungsart im Erkenntnißvermögen nicht bewußt ist; und da sie Bedingungen der Erkenntniß eines Objekts der Sinnlichkeit überhaupt sind, so sind sie, als solche,
a pri-

a priori vor der Erkenntniß eines jeden bestimmten sinnlichen Objekts, die durch sie erst möglich wird, gegeben. Ferner der Raum oder die Zeit eines durchgängig bestimmten empyrischen Objekts der Sinnlichkeit, ist selbst durchgängig bestimmt, und folglich selbst Anschauung a posteriori (seiner selbst als eines Objekts). Dahingegen Raum und Zeit als Bedingungen der Erkenntniß eines nicht durchgängig bestimmten sinnlichen Objekts überhaupt selbst nicht durchgängig bestimmt, und folglich Anschauungen a priori sind.

II.

Von den Bedingungen der Urtheile a priori. Kathegorien.

Ein analytisches Urtheil ist zwar objektiv, erweitert aber die Erkenntniß nicht. Ein synthetisches Urtheil erweitert die Erkenntniß. Die Frage ist aber: Wie kann es objektiv seyn? Die Antwort hierauf ist: Dieses geschieht dadurch, daß die darunter zu subsumirenden Objekte dem transzendentalen Inhalte, d. h. den Begriffen von Subjekt und Prädikat eines analytisch = synthetischen Urtheils subsumirt werden. Dadurch wird die Erkenntniß dieser

Ob-

Objekte im Verhältniß zu einander erweitert, und zugleich objektiv nothwendig.

Wie analytische Urtheile sich a priori auf Objekte beziehen können, ist leicht zu erklären. Dieses geschieht dadurch, daß man die Objekte, die den Inhalt eines analytischen Urtheils ausmachen, den Begriffen von Objekten überhaupt, und also dem allgemeinen, sich auf Objecte überhaupt beziehendem Grundsatze des Widerspruchs subsumirt. Ehe ich noch weiß, ob die Quadratur des Zirkels, oder die Bestimmung einer Linie, die dem Umfange des Zirkels vom gegebenen Diameter gleich seyn soll, möglich ist, weiß ich doch mit Gewißheit, daß das Produkt dieser noch ganz unbekannten Linie in einen vierten Theil des Diameters dem Inhalte des Zirkels gleich ist. Ich weiß sogar, daß ein regulärer Dekäder, als Objekt, unmöglich ist, und doch kann ich von demselben dieses Urtheil mit Gewißheit fällen: Ein regulärer Dekäder ist regulär. Weil nämlich diese analytische Urtheile auf den Satz des Widerspruchs, der sich auf ein Objekt des Denkens überhaupt bezieht, es mag übrigens beschaffen seyn, wie es will, beruhen. Diese Urtheile sind also objektib; sie erweitern aber unsere Erkenntniß reeller Objekte nicht. Ich weiß noch immer im ersten Urtheile nicht, was die gedachte Linie als Objekt an sich ist, und weiß sogar im zweiten Urtheile,

theile, daß ein Dekäder als Objekt an sich un=
möglich ist.

Dieses Urtheil hingegen: Ein Dreieck hat
drei Winkel; oder dieses: Ein Dreieck kann
rechtwinklicht seyn, erweitert allerdings un=
sere Erkenntniß vom Dreiecke. Die Frage ist
aber: wie ist die objektive Realität dieses Ur=
theils möglich? d. h. auf welche sich auf reelle
Objekte überhaupt beziehende Grundsätze be=
ruht es?

Die Antwort hierauf ist: dergleichen Ur=
theile beruhen auf dem Grundsatz, wodurch die
Möglichkeit eines reellen Objekts überhaupt be=
stimmt wird. Ein reelles (in einer Anschauung
erkennbares) Objekt des Denkens ist ein, in ei=
ner Einheit des Bewußtseyns gedachtes, Man=
nigfaltiges. Dieses Mannigfaltige muß als
ein solches gegeben, und nur seine Verbindung
in einer Einheit des Bewußtseyns gedacht
werden. Denn es giebt nur dreierlei Arten
von Verbindungen:

1) Eine Verbindung, die die zu verbinden=
den Glieder des Mannigfaltigen als bestimmte
Objekte des Denkens an sich möglich macht.
Von dieser Art ist z. B. die Verbindung von
Ursache und Wirkung als bloße, sich einander
wechselseitig bestimmende, Begriffe. Ursache
ist dasjenige, auf dessen Setzung etwas ande=
res gesetzt werden muß, und Wirkung das,

auf

auf die Setzung von jenem nothwendig gesetzte. Ursache und Wirkung werden also nicht durch innere Merkmale, sondern durch ihr in der Verbindung gedachtes wechselseitiges Verhältniß zu einander bestimmt, und nur durch diese Verbindung als bestimmte Objekte denkbar. Da sie sich aber einander wechselseitig im Zirkel erklären, so sind sie dadurch allein nicht als reelle Objekte, erkennbar. Sie sind ein Mittel zur Erweiterung der Erkenntniß, erweitern dieselbe aber selbst nicht.

2) Eine Verbindung die die Erkenntniß der Glieder des zu verbindenden Mannigfaltigen durch innere Merkmale an sich schon voraussetzt (nicht erst möglich macht). Von dieser Art sind alle willkührliche Verbindungen, wovon man den Grund nicht einsieht. Z. B. eine süße Linie. Süß und Linie sind in der Anschauung an sich erkennbar, ihre Verbindung in einer Einheit des Bewußtseyns aber ist, indem sie keinen Grund hat, bloß subjektiv, bloß denkbar aber nicht objektiv erkennbar. Diese Verbindungen können also die Erkenntniß gleichfalls nicht erweitern.

In der ersten Art von Verbindung ist eine sich auf ein gegebenes Mannigfaltiges beziehende Einheit anzutreffen. Es fehlt ihr aber an sich, an dieses Mannigfaltige. In der letzten Art ist es umgekehrt, das Mannigfaltige

D   tige

tige an sich ist in der Anschauung anzutreffen.
Es fehlt ihm aber an der Einheit (weil seine
Verbindung keinen Grund hat).

3) Eine Verbindung, worinn das eine Glied
des zu verbindenden Manigfaltigen auch an
sich, außer der Verbindung, das andere aber
nicht an sich, sondern durch die Verbindung,
als Objekt möglich ist. Von dieser Art sind
alle reelle (erkennbare) Objekte des Denkens
z. B. eine gerade Linie, ein rechter Winkel
u. d. gl.

Diese Art von Verbindung ist nur durch
ein analytisch=synthetisches Urtheil möglich.
Es ist in Beziehung auf dasjenige Glied, das
nicht an sich, sondern durch die Verbindung
möglich ist, analytisch. In Ansehung des
andern an sich möglichen Glieds aber synthe=
tisch. Ein rechter Winkel ist ein Winkel, weil
recht ohne Winkel nicht möglich ist. Ein Win=
kel kann recht seyn, weil Winkel sowohl an sich
als in Verbindung mit dem Rechtseyn mög=
lich ist.

Synthetische Urtheile sind also nur in so
fern möglich, als sie bloß in Beziehung auf
das eine Glied des dadurch zu verbindenden
Mannigfaltigen synthetisch, in Beziehung auf
das andere aber analytisch sind, wodurch
diese dritte Art von Verbindung durch irgend
eine Verbindung der ersten Art a priori und

zugleich objektiv beſtimmt wird. In den angeführten Beiſpielen wird die Verbindung der beſtimmten Objekte (Winkel und recht) der Verbindung von reellen Subjekt und Prädikat (Beſtimmbaren und Beſtimmung) ſubſumirt, u. d. gl. Die der erſten Art von Verbindungen zum Grund liegenden Begriffe nenne ich: Kathegorien, die, indem ſie Urtheile als Verbindungen möglich machen, nichts anders als die logiſchen Funktionen der Urtheile ſeyn können.

III.

Nähere Erörterung der Kathegorien.

Der allgemeine Begriff einer ſynthetiſchen Einheit des Bewußtſeyns überhaupt iſt die Verbindung eines unbeſtimmten Mannigfaltigen durch eine unbeſtimmte Einheit. Im beſtimmten Objekte muß der Stoff (das Beſtimmbare) des beſtimmten Mannigfaltigen gegeben, die Form (Beſtimmung) des beſtimmten Mannigfaltigen aber gedacht, und nur im Objekte, durch den Stoff, als ein Gegenſtand des Bewußtſeyns, erkannt werden. Dieſes folgt unmittelbar aus dem von mir feſtgeſetzten Grundſatz der Beſtimmbarkeit.

D 2   Im

Im tranßendentalen Begriffe aber, abstrahirt vom Objekte, ist das Mannigfaltige a priori unbestimmbar. Die Einheit hingegen, kann auf verschiedene Arten bestimmt seyn. Die Begriffe der (im Begriffe des Objekts) auf verschiedene Arten bestimmten Einheiten sind die Kathegorien. Eine jede mathematische Figur z. B. ein Dreieck, ein Zirkel u. d. g. ist ein, durch Verbindung eines bestimmten Mannigfaltigen (Raum, drei Linien u. d. g.) in einer bestimmten synthetischen Einheit des Bewußtseyns (Verhältniß vom Bestimmbaren und Bestimmung) gedachtes reelles Objekt. Wird so wohl von der besondern Bestimmung des Mannigfaltigen als der Einheit abstrahirt, so bleibt der allgemeine Begriff einer Verbindung eines unbestimmten Mannigfaltigen durch eine unbestimmte Einheit überhaupt. In diesem Begriffe muß das Mannigfaltige (wenn der Begriff nicht das Objekt selbst, sondern als Begriff, von demselben unterschieden seyn soll) ganz unbestimmt bleiben. Die Einheit aber kann selbst im Begriffe auf verschiedene Arten bestimmt seyn.

Die Form oder die besondere Bestimmung des Mannigfaltigen im Objekte, ist nicht gegeben, sondern gedacht, und kann nicht ohne den Stoff oder das Bestimmbare,

son=

sondern nur durch daſſelbe ein Gegenſtand des Bewußtſeyns werden. (Linien können, als Begriffe, nicht ohne Raum ein Gegenſtand des Bewußtſeyns ſeyn) Dahingegen der Stoff oder das Beſtimmbare (Raum) als eine Anſchauung, an ſich ein Gegenſtand des Bewußtſeyns iſt. Die beſtimmte Einheiten ſind zwar keine reelle Objekte der Anſchauung, ſie können aber dennoch, indem ſie außerdem, daß ſie ſich auf reelle Objekte beziehn, ſelbſt aus Stoff und Form beſtehen, als Objekte an ſich betrachtet werden. Dieſe beſtimmte, aus Stoff und Form beſtehende, als Objekte, an ſich gedachte Einheiten ſind die Kathegorien; oder die Kathegorien ſind Begriffe, die den beſtimmten Stoff eines analytiſch-ſynthetiſchen, ſich a priori auf Objekte beziehenden Urtheils ausmachen.

IV.

Dedukzion der Kathegorien.

Die Dedukzion eines Begriffs erfordert eben die Handlung, die der Beweiß eines Satzes erfordert, nur in entgegengeſetzter Richtung. Ein (bejahender) Satz iſt wahr, wenn das Prädikat im Subjekte (oder im Be-

griffe

griffe deſſelben) enthalten iſt, d. h. wenn das
Prädikat als das Beſtimmbare, und das
Subjekt als das Beſtimmte (im Objekte) ge=
dacht werden kann. Dieſes kann entweder
unmittelbar oder mittelbar eingeſehen werden.
Jenes geſchieht, wenn a das Beſtimmbare
und b ſeine Beſtimmung, ſo iſt a das Be=
ſtimmbare, und a b das Beſtimmte, und iſt
alsdann ein unmittelbarer Satz. Dieſes ge=
ſchieht, wenn a das Beſtimmbare, und a b
das unmittelbare Beſtimmte; wiederum a b
das Beſtimmbare und a b c das Beſtimmte u.
ſ. w. iſt, ſo iſt auch a das Beſtimmbare, und
a b c das Beſtimmte, und alsdann iſt der
Satz, a b c iſt a, ein Lehrſatz, der auf fol=
gender Art bewieſen wird: a b c iſt a b, a b
iſt a, folglich iſt a b c, a.

Die allgemeine Logik bekümmert ſich
nicht um die objektive Realität der Begriffe
an ſich, ſondern bloß um ihren Zuſammen=
hang. Wenn ſie nur bewieſen hat, a b c iſt
a, ſo mag a b c und a objektive Realität ha=
ben, oder nicht, ſo bleibt immer dieſer Satz
logiſch wahr.

Die tranſzendentale Logik hingegen,
muß allerdings die objektive Realität der Be=
griffe a b c und a, ſelbſt darthun. Nachdem
alſo die allgemeine Logik bewieſen hat, a b c iſt
a, muß dieſe noch darthun, daß a b c ein reel=

les Objekt, und folglich a, als der Begriff eines reellen Objeks, selbst objektive Realität hat. Dieses kann sie aber bloß dadurch beweisen, daß sie zeigt: das Mannigfaltige in a b c (die subordinirte Merkmale) bestehet aus etwas Bestimmbaren a b und der Bestimmung c, wiederum das Bestimmbare a b besteht gleichfalls aus etwas Bestimmbaren a und der Bestimmung b.; woraus sich ergiebt, daß a b c ein reelles Objekt ist, und a b in Beziehung auf dasselbe objektive Realität hat. So ist auch a b ein reelles Objekt, und a als sein Begrif hat, in Beziehung auf dasselbe, objektive Realität. In diesen Fällen wird mit der Anwendbarkeit der Begriffe zugleich ihre objektive Realität an sich bewiesen.

Dahingegen giebt es auch Fälle, wo wir zu Begriffen zu gelangen glauben, ohne auf ihre Anwendbarkeit Rücksicht zu nehmen. Diese Begriffe erfordern also in Ansehung ihrer objektiven Realität, eine Dedukzion. Wenn z. B. der Begriff a gegeben ist, und man will seine objektive Realität beweisen, so muß man zeigen, daß a als das Bestimmbare und b als seine Bestimmung, wiederum a b als das Bestimmbare, und c als seine Bestimmung gedacht werden kann, und daß das auf diese Art Bestimmte a b c, ein reelles Ob-

D 4   jekt

jekt ist, woraus unmittelbar folgt, daß a b, und mittelbar, daß a objektive Realität hat.

Eine Dedukzion hat dieses mit einem Beweise gemein, daß die eine so wohl als der andere auf Entwickelung der Begriffe, und Absonderung der subordinirten von den koordinirten Merkmalen (auf welche in beiden keine Rücksicht genommen wird) beruht. Wenn ich z. B. beweisen will, daß die Summe der Winkel eines mit schwarzer Dinte auf weissem Papier gezeichneten Dreiecks von bestimmter Seitengröße den zwoen Rechten gleich ist, so kann ich dazu die koordinirten Merkmale (schwarze Dinte, weisses Papier) nicht gebrauchen, sondern bloß die subordi= nirten, auf folgende Art: Ein rechtwinklich= tes Dreieck von bestimmter Seitengröße ist ein rechtwinklichtes Dreieck;   ein rechtwinklichtes Dreieck ist ein Dreieck; die Summe der Win= kel eines Dreieckes, ist zwoen rechten gleich; folglich u. s. w.   Eben so auch, wenn ich zei= gen will, daß der Begriff eines Zirkels (nicht nur an sich, durch eine Konstrukzion a priori, sondern auch in Ansehung seines Gebrauchs von empyrischen Objekten) objektive Reali= tät hat, so beweise ich dieses, durch das Ur= theil: der Teller ist rund.   Die runde Figur hat also dadurch objektive Realität, daß sie eine wirkliche Bestimmung eines gegebenen

ein=

empyrischen Objekts (der Teller) ist. Aber
wovon ist die runde Figur eine Bestimmung?
Gewiß nicht von der Farbe, nicht von der
Schwere, Dichtigkeit, Schmelzbarkeit des
Metalls, wovon der Teller gemacht ist, u.
s. w. Diese Merkmale des Tellers, stehen
mit der runden Figur in gar kein Verhältniß
von Bestimmbaren und Bestimmung, sondern
bloß von der Ausdehnung oder dem Raume,
den ein Teller einnimmt, indem Raum, als
das Bestimmbare, und die runde Figur
als seine Bestimmung gedacht wird. Wir
abstrahiren also hier gleichfalls von den koordinirten, und behalten bloß die subordinirten Merkmale.

Hieraus ergiebt sich auch, welche Begriffe
und in welcher Rücksicht. sie eine Dedukzion
erfordern. Die Begriffe der Mathematik sind
entweder zugleich selbst Objekte a priori, oder
sie müssen zum wenigsten als in Objekte enthalten, gedacht werden. Der Begriff von
Raum, in drei Linien eingeschlossen, ist
selbst das Objekt, Dreieck. Im Dreiecke
kann die besondere Bestimmung (der Begriff,
von drei Linien eingeschlossen seyn) vom Bestimmbaren (dem Raume) abstrahirt gedacht
werden. Aber bloß im Dreiecke. An sich
aber können Linien ohne Raum nicht gedacht
werden. Solche Begriffe brauchen also an

D 5

sich)

sich; keine Dedukzion ihre objektive Denk=
barkeit, macht ihre objektive Realität aus.
In Beziehung auf ihren empyrischen Gebrauch
aber, d. h. wenn man nicht bloß gedachten
Objekten überhaupt, sondern gegebenen em=
pyrischen Objekten, Realität beilegen will, er=
fordern sie allerdings eine Dedukzion, wie das
vorher angeführte Beispiel von der Dedukzion
der empyrischen Realität des Zirkels, aus
dem Urtheile: der Teller ist rund.

Nun haben wir auch Begriffe, die selbst
keine Objekte sind, auch nicht von der Art sind,
daß sie bloß in Objekten, als das Bestimm=
bare darinn gedacht werden müssen, und sich
dennoch a priori auf Objekte beziehn. Diese
erfordern also in Ansehung ihrer objektiven
Realität eine Dedukzion. Von dieser Art
sind die Kathegorien. Ursache z. B. ist ein
an sich bestimmter Begriff, dasjenige, auf
dessen Setzung etwas anderes gesetzt werden
muß. Selbst aber ist Ursache kein Objekt,
sondern bezieht sich bloß auf ein, diesem Be=
griffe zu subsumirendes, Objekt. Auch wird
Ursache nicht als Bestimmung eines Ob=
jekts gedacht, so daß sie ohne das dadurch
bestimmbare Objekt nicht gedacht werden
kann. Wenn ich sage z. B. das Feuer ist
Ursache der Wärme, so denke ich nicht das
Feuer als etwas Bestimmbares, das durch

den

den Begriff von Urſache beſtimmt wird;
weil ich ſonſt nicht zugleich Urſache als Beſtimmung eines andern Beſtimmbaren denken könnte, z. B. daß der Regen Urſache der
Näſſe iſt. Die Frage iſt alſo: Woher hat der
Begriff von Urſache ſeine objektive Realität?

Die Dedukzion der Kathegorien iſt
nach meiner Meinung, wie folgt:.

Die Kathegorien ſind allerdings Beſtimmungen der Objekte, und haben daher
durch die, durch ſie gedachten Objekte, objektive Realität. Sie ſind aber nicht Beſtimmungen des Materiellen, ſondern bloß des
Formellen der Objekte, und da dieſes Formelle ſich auf Objekte a priori bezieht, ſo beziehen ſich auch die Kathegorien vermittelſt
deſſelben auf Objekte a priori. Das Formelle
verhält ſich zum Materiellen (dieſe Ausdrücke
in dem Sinne der kritiſchen Philoſophie genommen) als das Beſtimmbare zur Beſtimmung. Zeit und Raum z. B. werden, als
etwas an ſich vorſtellbares gedacht. Das gegebene Mannigfaltige der in Zeit und Raum
exiſtirende Objekten aber iſt nichts anderes,
als das Mannigfaltige des Außereinander-
ſeyns und Aufeinanderfolgens in Raum
und Zeit. Dieſes Außereinanderſeyn und
Aufeinanderfolgen iſt wiederum das Beſtimmbare, das durch die Kathegorien auf

eine

eine besondre Art bestimmt wird. Wenn ich
z. B. denke, b folgt auf a nothwendig, so ist
die Folge von b auf a das Bestimmbare,
und die Kathegorie von Ursache die besondere Bestimmung dieser Folge. Die Deduktion des Begriffs von Ursache ist also
diese: Ursache hat objektive Realität.
Denn Ursache ist eine Bestimmung einer
Zeitfolge, Ursache kann also ohne Zeitfolge
als die Bestimmung, ohne das Bestimmbare, nicht gedacht werden. Zeitfolge beziehet sich aber, als Form der sinnlichen Objekte, unmittelbar auf dieselben. Folglich
hat die Kathegorie von Ursache, mittelbar,
objektive Realität, und so auch die andern
Kathegorien.

Hieraus ergiebt sich von selbst, daß die
Kathegorien, die sich unmittelbar auf die
Form und mittelbar auf die dadurch a priori bestimmten Objekte der Sinnlichkeit selbst
beziehen, auch nur von diesen gebraucht werden können. Will ich hingegegen Objekte
an sich, a und b von der Form der Sinnlichkeit abstrahirt, durch die Kathegorien
denken, so hat dieses Denken keinen Grund,
weil die Kathegorien mit den Objekten an
sich in keinem zur objektiven Realität erforderlichen Verhältniße von Bestimmung und
Bestimmbaren stehen. Ich habe so wenig
Grund

Grund a, als Ursache, wie ich Grund habe,
die Tugend als viereckigt zu denken. —
In beiden ist die Verbindung des Mannigfaltigen (Subjekt und Prädikat) in einer Einheit
des Bewußtseyns, in so ferne sie keinen Widerspruch involvirt, bloß problematisch, und
hat keine objektive Realität.

Tafel der Kathegorien, ihrer Entstehung
aus den Funkzionen des Verstandes in
Urtheilen, und ihres Gebrauchs nach,
   als Bedingungen reeller Objekte.

Quantität.

Synthesis	Einheit
	(des Bewußtseyns)
Mannigfaltigkeit	Vielheit
(an sich)	(der Merkmale)
Als ein Ganzes	Allheit
(in Beziehung auf ge-	
wisse Folgen)	

Qualität.

Bejahung	Realität
(aus Grund)	(transf.)
Verneinung	Negation
(aus Grund)	(transf.)

Ver-

Verneinung   Keines von beiden
(aus Mangel des   (absolutes Nichts)
Grunds)

Relation.

Kathegorisch   Substanzialität
                  (im Denken)

Hypothetisch   Grund
Disjunktiv   Gemeinschaft
                  (gleich mögliche Be-
                  stimmungen)

Modalität.

Können   Möglichkeit
(Bestimbarkeit durch
eine Bestimmung)
   Seyn   Wirklichkeit
(Bestimmtseyn synthe-
tisch)
   Müssen   Nothwendigkeit
(Bestimmtseyn analy-
tisch)

V.

Erklärung dieser Tafel.

Eine jede Verstandssynthesis, d. h.
eine Verbindung des Mannigfaltigen in
                            einer

einer Einheit des Bewußtseyns, ist, als
eine solche, eine Einheit. Das Mannigfaltige an sich ist eine Vielheit der Merkmale, wodurch die Synthesis vorgestellt
wird. Dieses Mannigfaltige in Beziehung
auf gewisse Folgen, als ein Ganzes betrachtet, ist Allheit.

Der Begriff einer dreiseitigen rechtwinklichten Figur ist eine Verbindung des
Mannigfaltigen (Figur, drei Seiten, rechter Winkel) in einer Einheit des Bewußtseyns. Diese giebt also den Begriff von Einheit. Das Mannigfaltige an sich, abstrahirt von der Verbindung, giebt den Begriff
von Vielheit. Das Mannigfaltige, in
Beziehung auf gewisse Folgen, als ein
Ganzes betrachtet, giebt Allheit. Z. B.
in Beziehung auf der Folge, daß das Quadrat der Hypothenuse der Summe der
Quadrate der Katheten gleich ist, ist diese
ganze Synthesis einer dreiseitigen rechtwinklichten Figur, die Allheit. In Beziehung auf die Folge hingegen, daß die
Summe der dreien Winkel zwoen rech-
ten gleich ist, ist bloß der Begriff einer dreiseitigen Figur, mit Weglassung der Bestimmung des rechten Winkels, die Allheit.

Die Bejahung so wohl, als die Verneinung eines Prädikats vom Subjekte,

muß

einen Grund haben. Dieser Grund liegt entweder in der Denkbarkeit und Nichtdenkbarkeit des Subjekts durch das Prädikat, und beruht auf den Satz des Widerspruchs, wie in den analytischen Urtheilen; oder in der Möglichkeit und Unmöglichkeit einer Konstrukzion, wie in den synthetischen. Die Bejahung giebt, in so fern dadurch eine objektive Einheit gedacht wird, den Begriff der transzendentalen Realität. Die Verneinung giebt, in so fern durch die subjektive Einheit, die objektive Einheit gehoben wird, (denn wenn ich urtheile, a ist nicht — non a, so denke ich allerdings a und non a in einer subjektiven Einheit des Bewußtseyns, sonst könnte ich gar nicht urtheilen; nur daß diese subjektive Einheit die objektive aufhebt) den Begriff der transzendentalen Negative.

Die so genannten unendlichen Urtheile, wenn sie nicht bloß zur logischen Prosodie gehören, sondern eine so wohl von den bejahenden als verneinenden Urtheilen verschiedene Bedeutung haben sollen, sind solche, wo im Subjekte so wenig ein Grund zur Bejahung, als zur Verneinung des Prädikats von demselben anzutreffen ist, indem das Prädikat so wohl, als sein Gegentheil, keine mögliche Bestimmung des Subjekts abgeben kann. Z. B. Die

Die Tugend ist nicht viereckigt. So wenig das Viereckigt= als das Nichtvier-
eckigtseyn kann eine mögliche Bestimmung
der Tugend abgeben. Beide sind Bestimmungen des Raumes der mit der Tugend
keinen Begriff gemeinschaftlich hat. Sie sind
Urtheile, worinn durch eine subjektive Einheit
des Bewußtseyns, der Grund der Bejahung sowohl als der Verneinung, verneint
wird. Sie liefern also den Begriff des
Nichts; nicht desjenigen, das aus einem
Widerspruch oder aus entgegengesetzter
Konstrukzion entspringt, sondern desjenigen,
das als Mangel eines Grundes der Verbindung gedacht wird.

Ein jedes objektive Urtheil liefert uns den
Begriff der Substanzialität. In diesem
analytischen Urtheile: Ein Dreieck ist eine
Figur, wird der Begriff des Prädikats, Figur, als durch die hinzukommende Bestimmung des Dreieckigtseyn im Objekt, (welches
das Subjekt des Urtheils ist: Dreieck) unver-
änderlich d h. als Substanz, gedacht. In
dem synthetischen Urtheile (das jenem vorhergeht): Ein Dreieck kann rechtwinklicht
seyn, wird das Subjekt (Dreieck) als durch
das Prädikat (das Rechtwinklichtseyn) un-
veränderlich d. h. gleichfalls als Substanz
gedacht.

P   In

In den hypothetischen Urtheilen wird das Antezedens als Grund des Konsequens gedacht. Sie liefern uns also den Begriff von Grund.

Die disjunktiven Urtheile liefern uns den Begriff von Gemeinschaft. In diesem Urtheile z. B.: Ein Dreieck ist entweder recht= oder stumpf= oder spitzwinklicht, werden das rechtwinklichte, das stumpf= winklichte und das spitzwinklichte Dreieck, durch dieses Urtheil in Gemeinschaft gedacht.

Die synthetische Urtheile von der mög= lichen Bestimmbarkeit des Subjekts durch das Prädikat (z. B. Ein Dreieck kann recht= winklicht seyn) liefern uns den Begriff der (reellen) Möglichkeit. Die synthetische Ur= theile wodurch dem, als Subjekt gedachten Wesen eine Eigenschaft als Prädikat bei= gelegt wird (z. B.: Eine dreiseitige Figur hat drei Winkel) liefern uns den Begriff des (noth= wendigen) Seyn. Die analytische Urtheile wo das Subjekt ohne das Prädikat nicht denkbar ist (z. B. Ein Dreieck ist eine Figur) liefern uns den Begriff der Nothwendigkeit.

Hieraus erhellet der Ursprung sowohl, als der Gebrauch dieser reinen Begriffe in den Objekten des reellen Denkens a priori. Ob sie auch von den Dingen an sich, ob sie

von

von ben Objekten ber Erfahrung gebraucht
werden können? soll in der Folge untersucht
werden.

VI.

Zeit und Raum als Bedingungen des Denkens.

Ein Urtheil überhaupt setzt dreierlei Bewußtseyn voraus: Bewußtseyn des Subjekts, Bewußtseyn des Prädikats, und Bewußtseyn der Verbindung von Subjekt und
Prädikat im Urtheile. Soll das Urtheil nicht
identisch (und folglich leer) seyn, so muß das
Bewußtseyn des Subjekts vom Bewußtseyn
des Prädikats verschieden seyn. Sie müssen
sich also einander in einem identischen Bewußtseyn ausschließen, und doch sollen sie in
einem und eben demselben Bewußtseyn verbunden werden. Wie ist dieses möglich?
  In diesem Urtheile z. B.: Eine dreiseitige Figur hat drei Winkel, machen drei
Seiten ein, von drei Winkel verschiedenes
Bewußtseyn aus, und doch sollen durch dieses
Urtheil die drei Winkel mit den drei Seiten
in eine Einheit des Bewußtseyns verbunden
werden.

In

In diesem analytischen Urtheil z. B. Ein
Dreieck ist eine Figur, ist zwar das Bewußt-
seyn des Prädikats (Figur) ein konstituti-
ver Theil vom Bewußtseyn des Subjekts
(Dreieck). Aber dennoch macht das ganze
Subjekt nothwendig ein vom Bewußtseyn des
Prädikats verschiedenes Bewußtseyn aus.

In den hypothetischen Urtheilen werden
zwei Urtheile, die so wohl der Materie, als
der Form nach, ganz verschieden seyn können, in einer Einheit des Bewußtseyns verbunden.

In den disjunktiven Urtheilen werden
sich einander, durch das Urtheil selbst, ausschließende Glieder einer Sphäre dennoch in
einer Einheit des Bewußtseyns gedacht. Wie
mag dieses zugehn?

Wird man sagen: das Subjekt und das
Prädikat an sich sind in einer Zeitfolge, als
verbunden aber sind sie zu gleicher Zeit im
Bewußtseyn; so wird die Schwierigkeit dadurch nicht gehoben, sondern noch viel stärker
werden. Das Bewußtseyn des Subjekts
und des Prädikats an sich außer der Verbindung kann allerdings dem Urtheile vorhergegangen seyn. Daraus wird aber niemals
ein Urtheil entstehen, wo nicht ihr Bewußtseyn an sich mit dem Bewußtseyn ihrer Verbindung in einer Einheit des Bewußtseyns
ver-

verbunden wird. Wie soll also die Vorstel‐
lung der Zeitfolge und die sie ausschließende
Vorstellung des Zugleichseyns in Beziehung
auf eben dieselben Objekte, in einer Einheit
des Bewußtseyns Statt finden können? Ja
selbst Zeitfolge an sich verbindet die vorher‐
gehende und die sie gewiß ausschließende fol‐
gende Zeit in einer Einheit des Bewußt‐
seyns. —

Hier ergiebt sich noch eine Frage: wie
kann der Verstand, dessen Funkzion bloß ist,
allgemeine Formen oder Verhältnisse in
Beziehung auf unbestimmte Objekte über‐
haupt, zu denken, durch eben diese Formen,
auf besondere Arten bestimmte Objekte (de‐
ren Bestimmungen in diesen allgemeinen For‐
men nicht anzutreffen sind) denken? Was be‐
stimmt ihn diese Objekte durch diese, und an‐
dere durch eine andere Form zu denken?

Um diese Frage aufzulösen, müssen wir
nothwendig zwischen Sinnlichkeit und Ver‐
stand ein Mittelvermögen annehmen, das
beider Natur theilhaftig ist. Dieses ist das
Urtheilsvermögen, oder das Vermögen, das
Besondere dem Allgemeinen zu subsumi‐
ren. Es muß also das Allgemeine so wohl,
welches Gegenstand des Verstandes, als
das Besondere, welches Gegenstand der

P 3   Sinn‐

Sinnlichkeit ist zum Gegenstand haben, um
es auf gedachte Art verbinden zu können.

Der Verstand denkt z. B. den von mir
festgesetzten Grundsatz, in Beziehung auf ein
konstitutives (Objekt bestimmendes) Urtheil
überhaupt, im Allgemeinen: Wenn die als
Subjekt und Prädikat zu denkenden Objekte von der Art sind, daß das Subjekt
auch an sich, das Prädikat hingegen
nicht an sich, sondern als Prädikat, Objekt des Bewußtseyns seyn kann, so bestimmt dieses Urtheil, wodurch sie in eine
Einheit des Bewußtseyns verbunden werden, ein reelles Objekt, ohne zu bestimmen,
welche Objekte es sind, zwischen welchen dieses Verhältniß statt findet. Die reine Sinnlichkeit liefert die Vorstellungen von Linie,
und Geradeseyn, ohne zu bestimmen in welchem Verhältniß diese Vorstellungen mit einander stehen? Das Urtheilsvermögen subsumirt diese Objekte unter diesem Grundsatz,
woraus das Urtheil: Eine Linie kann gerade seyn, und folglich das Objekt einer geraden Linie entspringt.

Um sich aber dieses selbst begreiflich zu machen, wie nämlich das Urtheilsvermögen Objekte der Sinnlichkeit, die folglich nicht seine
Objekte sind, in einer Einheit des Bewußtseyns verbinden kann? (indem die Sinn-
lich-

lichkeit die Objekte an sich wahrnimmt, das
Urtheilsvermögen aber bloß die Art wie sie
der Sinnlichkeit im Verhältniß gegen einander gegeben werden, mit einer Verstandsregel vergleicht); so bemerke man, daß das
Urtheilsvermögen oder der Verstand in
der Funkzion des Urtheilens sich niemals
auf die Objekte selbst, ihrem materiellen Inhalt nach, unmittelbar beziehet, sondern
bloß auf ihre Form, oder die Art wie sie der
Sinnlichkeit gegeben sind. Die Objekte
selbst, ihrem materiellen Inhalt nach, werden
in der That, in keiner Einheit des Bewußtseyns gedacht, sondern sie werden bloß mit
ihrer Form assoziirt, und nur diese Form wird
durch das Urtheilsvermögen mit der Verstandsregel in einer Einheit des Bewußtseyns verbunden. Z. B. die Verstandsregel
ist: Wenn x und y nur in einer Zeitfolge (zu
verschiedenen Zeiten) Gegenstände des Bewußtseyns seyn können, so sind sie von einander
verschieden. Der Sinnlichkeit wird das
Rothe und das Grüne nur in einer Zeitfolge gegeben. Das Urtheilsvermögen abstrahirt diese allgemeine Form der Sinnlichkeit (Zeitfolge) von den gegebenen besondern
Objekten und subsumirt diese sinnliche Form in
einer Einheit des Bewußtseyns, unter der
Verstandsregel. Die Einbildungskraft

aber

aber affoziirt die, der Verstandesregel subsu-
mirte, Form der Siunlichkeit mit den gegebenen besondern Objekten, woraus das Urtheil: Roth ist von Grün verschieden, entspringt.

So ist der von mir festgesetzte Grundsatz
einer möglichen Synthesis überhaupt eine
Verstandsregel: Wenn x und y in diesem Verhältniß gegen einander gegeben
sind, daß x auch an sich außer der Verbindung mit y., dieses hingegen nicht
an sich, sondern bloß in der Verbindung
mit Jenem, Gegenstand des Bewußtseyns ist, so ist die Synthesis von x und
y nicht bloß logisch, sondern auch reell.
Die reine Einbildungskraft konstruirt erstlich
ein Dreieck überhaupt, nachher aber fügt
sie noch die Bestimmung des Rechtwinklichtseyn hinzu. Das Urtheilsvermögen abstrahirt diese Verfahrungsart von den besondern
Objekten, und vergleicht nicht die Objekte selbst,
sohdern bloß die Verfahrungsart in ihrer
Darstellung mit der Verstandsregel, woraus (nach geschehener Subsumtion) das Urtheil entspringt: Ein rechtwinklichtes Dreieck ist möglich.

Hier ist der Ort wo ich mich über meinen
Begriff von Zeit erkläre, und den Unterschied zwischen demselben und der Vorstellung,
wel-

welche die kritische Philosophie davon giebt; bestimmen will.

Dieser zufolge, ist die Zeit Form der Sinnlichkeit, und selbst eine reine Anschauung a priori. Daß die Zeit Form der Sinnlichkeit ist, gebe ich gerne zu, nicht aber daß sie bloß Form der Sinnlichkeit ist. Eben so gebe ich zu; daß die Zeit eine reine Anschauung a priori (ob zwar ich aus psychologischen Gründen, diese Anschauung nicht für ursprünglich, sondern für abgeleitet erkläre) ist, nicht aber daß sie bloße Anschauung ist. Ich kann zwar die Zeit nicht durch das genus und die differentia specifica definiren; ich kann aber doch den Gattungsbegriff angeben unter dem sie gehört.

Die Zeit ist nämlich eine Einheit, wodurch mehrere Objekte in einem einzigen Bewußtseyn verbunden werden; und in sofern stelle ich mir die Zeit nicht als ein unendliches Continuum (welches ein Geschöpf der Einbildungskraft ist) vor, sondern bloß als Folge der Objekte auf einander. Wenn a vorhergeht und b darauf folgt, so machen zwar die in einer Folge gegebene Objekte a und b selbst keine Einheit aus; sie werden aber dennoch durch die sich auf sie beziehende Einheit der Folge, in einem einzigen Bewußtseyn gedacht. Diesem Begriffe der Zeit gemäß,

mäß, ist die Zeit nicht bloß Form der Sinnlichkeit, sondern selbst der Verstandsbegriffe, und überhaupt aller logischen Objekte, die in irgend einer Einheit des Bewußtseyns gedacht werden sollen. Ein jedes Urtheil ist ein in einer Einheit des Bewußtseyns gedachtes Mannigfaltige. Das
Mannigfaltige an sich, als bloßer Stoff
des Urtheils kann nicht anders als unter der
Form der Zeitfolge Gegenstand des Bewußtseyns werden, obschon es durch die gedachte
Einheit in einem einzigen Bewußtseyn verbunden wird. Ursache und Wirkung z. B.
als bloße Begriffe, obschon sie sich nothwendig
auf einander beziehen, und einander wechselseitig bestimmen, sind, dieser nothwendigen
Synthesis ungeachtet, da sie doch nicht identisch sind, nur zu verschiedenen Zeiten im
Bewußtseyn möglich. Die Form der Zeit ist
nothwendige Bedingung eines Mannigfaltigen überhaupt.

Die Verstandsform aber ist nothwendige
Bestimmung eines bestimmten Mannigfaltigen. Ohne Zeitfolge ist kein Mannigfaltiges überhaupt und folglich auch kein Urtheil
möglich. Die Form der Zeitfolge allein aber
bestimmt noch nicht die Objekte die auf einander folgen sollen. Dadurch allein erhalten wir
zwar eine nothwendige Verbindung zwischen

Ob-

Objekten überhaupt (daß nämlich Objekte
überhaupt nur durch die Einheit der Zeitfolge in einem einem einzigen Bewußtseyn verbunden werden können) nicht aber eine nothwendige Verbindung zwischen bestimmten Objekten. Die Verstandsform aber bestimmt
diejenigen Objekte die in einer Zeitfolge das
Mannigfaltige dieser Synthesis ausmachen
sollen.

In diesem Urtheile z. B.: Eine dreiseitige
Figur hat drei Winkel, müssen drei Seiten und drei Winkel in einer Zeitfolge im
Bewußtseyn vorkommen. Aber eben so gut
müssen drei Seiten mit irgend einem andern
Prädikat in einer Zeitfolge im Bewußtseyn
vorkommen. Die gedachte Verstandesein-
heit aber bestimmt dasjenige Prädikat, das
mit dem Subjekt in dieser Synthesis, in einer Zeitfolge gedacht werden soll. Und eben
so auch umgekehrt; die bestimmte zwischen bestimmten Objekten gedachte Zeitfolge bestimmt
den Gebrauch einer Verstandsform, die sich
sonst auf Objekte überhaupt beziehen kann,
auf diejenigen Objekte, die in der bestimmten Zeitfolge gedacht werden.

Der Verstand denkt die Form der hypothetischen Sätze als möglich in Beziehung auf
Objekte überhaupt. Die immer wahrge-
nommene bestimmte Zeitfolge aber zwischen

gewis-

gewiſſen Objekten (z. B. zwiſchen dem Feuer
und der Erwärmung der Gegenſtände) beſtimmt
das Urtheilsvermögen dieſe, bloß als mög=
lich gedachte, Form der Objekte überhaupt,
von dieſen beſtimmten Objekten wirklich
zu gebrauchen; woraus das Urtheil entſpringt:
das Feuer erwärmt die Gegenſtände
u. d. gl.

Ich habe ſchon bemerkt, daß nicht jede
Abſprechung eines Prädikats von einem
Subjekt eine logiſche Verneinung iſt. Denn
die logiſche Verneinung iſt Aufhebung ei=
ner möglichen Beſtimmung des Subjekts
durch Setzung einer ihr entgegengeſetzten
Beſtimmung. Iſt das Prädikat hingegen
gar keine mögliche Beſtimmung des Sub=
jekts, ſo muß das Prädikat freilich in ſo
fern dem Subjekt abgeſprochen werden. Dieſe
Abſprechung aber bleibt immer von der logi=
ſchen Verneinung verſchieden. Man kann
von dem Stein ſo wenig ſagen: er iſt blind
(er ſieht nicht) als, er ſieht. Von der Tu=
gend kann ſo wenig behauptet werden: ſie iſt
viereckigt, als ſie iſt nicht viereckigt. Da
nun die Logiker den Unterſchied zwiſchen die=
ſen beiden Arten der Verneinung überſehen
haben, ſo müßten ſie auch den darinn gegrün=
deten Unterſchied in Anſehung des Satzes der

Aus=

Ausschließung und disjunktiven Säße, übersehen.

Der Saß der Ausschließung: ein jedes Ding ist entweder a oder non a d. h. von zweien kontradiktorisch entgegengesetzten Merkmalen muß einem jeden Dinge eines nothwendig zukommen, gilt nur wenn die beiden einander entgegengesetzten Merkmale mögliche Bestimmungen des Dinges sind. Sonst ist der Saß falsch. Wenn ich sage: die Tugend ist entweder viereckigt oder nicht viereckigt, so ist der Saß falsch, weil die Tugend so wenig viereckigt, als nicht viereckigt seyn kann. Der Saß: die Tugend ist viereckigt, ist falsch; aber sein entgegengesetzter Saß: die Tugend ist nicht viereckigt, ist eben so wenig wahr, weil hier keine, zu einem jeden Urtheil erforderliche Verbindung des Mannigfaltigen in einer Einheit des Bewußtseyn Statt findet. Diese kann nur alsdann Statt finden, wenn im Subjekte entweder ein Grund der Möglichkeit oder der Unmöglichkeit des Prädikats enthalten ist, nicht aber wenn es keinen Grund von beiden enthält. Daher wird auch niemand diesen Saß z. B.: Ein Dreieck ist entweder ein bloßes Dreieck, oder ein rechtwinklichtes Dreick, zu dem Saße der Ausschließung rechnen; obschon es in der That damit

damit seine Richtigkeit hat, daß ein Dreieck
so wohl als Dreieck überhaupt und auch als
rechtwinklichtes Dreieck gedacht werden
kann. Dahingegen dieser Satz: Ein Dreieck ist entweder rechtwinklicht oder schiefwinklicht, allerdings unter dem Satz der
Ausschließung gehört; indem der Begriff eines Dreiecks überhaupt zwar die Bestimmung des Rechtwinklichtseyn nicht enthält,
(und in so fern kann man von ihm sagen: es
ist nicht rechtwinklicht) aber auch keinen
Grund enthält, warum ich es ohne diese
Bestimmung denken muß. Dieses hängt
von meiner Willkühr ab. Habe ich hingegegen das Dreieck als rechtwinklicht bestimmt, so enthält dieser Begriff einen positiven Grund von der Verneinung des Schief-
winklichtseyns.

Ein disjunktives Urtheil erfordert dreierlei Einheit. 1) Zusammensetzung mehrerer einfacher Urtheile. 2) Beziehung ihrer
Prädikate auf einander als entgegengesetzt.
3) Zusammenfassung dieser einfachen Urtheile
in einem einzigen Urtheil. In diesem Urtheile
z. E. Ein Dreieck ist entweder recht- oder
stumpf- oder spitzwinklicht, müssen erstlich
folgende einfache Urtheile, jedes insbesondere, gefällt werden: Ein Dreieck kann rechtwinklicht; ein Dreieck kann stumpfwinklicht;

licht; ein Dreieck kann spitzwinklicht seyn,
woraus diese Formel zusammengesetzt wird.
Alsdann werden das Recht= Stumpf= und
Spitzwinklichtseyn als einander entgegen=
gesetzt, gedacht; und letztlich werden alle diese
einfache Urtheile durch das ihnen gemein=
schaftliche Subjekt in einer Einheit des
Bewußtseyns verbunden, dieses Urtheil kann
kathegorisch so ausgedrückt werden : Das
Recht= Stumpf= und Spitzwinklichtseyn
stimmen hierinn überein, daß sie sich aus=
schließende, gleich mögliche Bestimmungen
des Dreiecks sind.   Die erste Einheit ist
kollektiv, und erfordert bloß daß das Den=
kende Subjekt in allen diesen Urtheilen als
mit sich selbst einerlei gedacht wird. Sie ist
also bloß subjektiv.   Die zweite Einheit ist
zwar objektiv, (sie hat einen objektiven Grund,)
sie ist aber nicht konstitutiv.   Die dritte Ein=
heit ist konstitutiv.   Es werden darinn alle
Prädikate als mögliche Bestimmungen des
Subjekts, folglich ihre Verbindung mit demsel=
ben, als Objekt bestimmend, gedacht.

Der Begriff der Ausschließung setzt ben
Begriff des Zugleichseyn, dessen Hebung
er ist, voraus. In einem disjunktiven Ur=
theil kommen alle Zeitbestimmungen vor, das
denkende Subjekt sowohl als das Subjekt des
Urtheils wird in allen den einfachen Urtheilen
wor=

woraus das disjunktive Urtheil zusammen:
gesetzt ist, als beharrlich d. h. als mit sich
selbst einerlei in allen diesen verschiedenen Ver:
bindungen; die sich einander (zu gleicher Zeit)
ausschließende Prädikate werden als auf ein:
ander folgend; die gleiche Möglichkeit al:
ler in eben demselben Subjekt wird als gleich:
zeitig gedacht.

Die disjunktiven Urtheile machen die voll:
ständigste Art von Urtheilen aus, indem sie
alle Formen der Urtheile in sich vereinigen.
Der Quantität nach ist das Subjekt (in Be:
ziehung auf die Prädikate) eine Einheit. Die
sich einander zu gleicher Zeit ausschließenden
Prädikate sind eine Vielheit und in so fern
sie alle, mögliche Prädikate seyn müssen, eine
Allheit.

In Ansehung der Qualität, ist jedes durch
die Kopula ist beigelegte Prädikat eine Rea:
lität, die durch dessen Beilegung ausgeschlos:
sene Prädikate Negationen; die Ausschließung
aller, als keine mögliche Bestimmungen
gedachten Prädikate des Subjekts (die im
disjunktiven Urtheile nicht ausgedruckt aber den:
noch enthalten ist ist Limitation.

Der Relation nach ist ein disjunktives
Urtheil, in so fern darinn alle mögliche Prä:
dikate eines Subjekts demselben, als mögli:
che Prädikate, beigelegt werden, kathego:
risch.

risch. In so fern aber die wirkliche Setzung des einen Prädikats alle übrige ausschließt, ist es hypothetisch (z. B. ein Dreieck ist recht: winklicht, wenn es nicht stumpf= oder spitz= winklicht ist, und so auch umgekehrt). In An= sehung des wirklichen Prädikats an sich aber, ist es disjunktiv.

Der Modalität nach, ist ein disjunkti= ves Urtheil in Ansehung der nothwendigen Beilegung aller möglichen Prädikate, als solche, apodiktisch. In Ansehung der wirk= lichen Beilegung eines derselben, unbestimmt welches, ist es problematisch. In den ein= fachen Urtheilen aber, woraus das disjunk= tive Urtheil zusammengesetzt ist, ist die Beile= gung assertorisch. (Ehe man dieses disjunk= tive Urtheil fällen kann: Ein Dreieck ist ent= weder rechtwinklicht, oder stumpfwinklicht oder spitzwinklicht, muß man erst das Dreieck unter einer jeden dieser Bestimmungen wirklich kon= struirt haben).

Assertorische Urtheile finden bei (gegebe= nen, nicht aber als bloß möglichen oder noth= wendigen) Zeitverhältnissen Statt. Dieses Urtheil z. B. b folgt auf a, ist ein assertori= sches Urtheil. Dahingegen dieses: b folgt nothwendig auf a, ein apodiktisches, so wie dieses: b kann folgen auf a, ein proble= matisches Urtheil ist.

Die Wahrnehmung einer Folge (oder eines anderen Zeitverhältnisses) zwischen bestimmten Objekten, muß von der Wahrnehmung der Objekte selbst unterschieden werden. Diese ist eine bloße Wahrnehmung. Jene hingegen ist ein Urtheil d. h. Beziehung einer Einheit a priori auf ein gegebenes Mannigfaltiges. b folgt auf a wirklich, heißt so viel: b wird (nicht als nothwendig, auch nicht als bloß möglich) in einer bestimmten Folge (auf a) gegeben.

Alle Arten von konstitutiven Urtheilen können als inkomplete disjunktive Urtheile betrachtet werden z. B. dieses kathegorische Urtheil: Ein Dreieck kann rechtwinklicht seyn, ist ein Theil des disjunktiven: Ein Dreieck kann so wohl recht= als schief=winklicht seyn, und da sich diese zu gleicher Zeit einander ausschließen, so ist ein Dreieck entweder recht= oder schiefwinklicht.

Die disjunktiven Urtheile liefern so wohl strenge Definitionen, als vollständige Eintheilungen. Diese liegen unmittelbar in ihrem Wesen. Jene folgen daraus nothwendig. Die synthetische Erkenntniß kann zwar strenge Definitionen auch ohne vollständige Eintheilungen erhalten. Der Begriff eines rechtwinklichten Dreieckes z. B. entsteht dadurch, daß man Dreieck überhaupt als an

sich

sich (auch ohne die Bestimmung des Rechtwinklichtseyn) das Rechtwinklichtseyn aber nicht
an sich, sondern bloß als Bestimmung des
Dreiecks, möglich denkt. Damit ist der prä-
zise Begriff des rechtwinklichten Dreiecks
vollendet; ohne daß man nöthig hat sich zu
bekümmern, ob nicht das Dreieck noch außerdem auf andere Arten (als stumpf= und spitz=
winklicht) bestimmbar ist. Die analytische
Erkenntniß aber setzt allerdings zu ihren Definitionen (wenn sie diesen Namen verdienen
sollen) vollständige Eintheilungen voraus.
Denn der zu einer Definition erforderliche Geschlechtsbegriff kann nur durch Abstraktion
von allen möglichen Arten (da hier die Objekte
bestimmt gegeben, nicht aber vom Verstande
nach dem Gesetze von dem Verhältniß des Bestimmbaren zur Bestimmung, bestimmt sind)
erhalten werden.

VII.

Von den Reflexionsbegriffen.

Einerleiheit und Verschiedenheit sind die allge-
meinsten Formen des Bewußtseyns. Sie er-
strecken sich auf alle Gegenstände des Bewußtseyns (Objekte, Begriffe, Vorstellungen, Empfindungen u. s. w.). Sie liegen so wohl den
analytischen, als den synthetischen Urtheilen

Q 2 zum

zum Grunde. Dieses analytische Urtheil a b
ist a, setzt voraus, daß ab d. h. a verbunden
mit b von a außer der Verbindung verschieden,
und doch a in der Verbindung mit a außer der
Verbindung einerlei ist. Dieses synthetische
Urtheil: a ist b, (ein Dreieck hat drei Winkel)
setzt voraus, daß die Vorstellung von a und
die Vorstellung von b verschieden, und daß
dennoch das Bewußtseyn von ihrer Verbindung mit sich selbst einerlei ist.

Verschiedenheit kann auf zweierlei Arten
gedacht werden; entweder ist a von a b dadurch verschieden, daß es mit demselben nur
zum Theil einerlei ist, wie nach der Baumgar-
tenschen Erklärung; wenn in a etwas gesetzt
wird, was in b nicht gesetzt wird, so ist a von
b verschieden. Oder a ist von b total verschieden, und alsdann läßt sich der Begriff von
Verschiedenheit gar nicht durch den von Einerleiheit erklären, sondern Verschiedenheit ist so
wie Einerleiheit eine in den Objekten an sich
erkennbare Form.

Diese Vorstellungsart der Verschiedenheit
ist richtiger als jene, weil man in der That
den Begriff von Verschiedenheit auch in dem
Falle gebraucht, wo keine Theileinerleiheit statt
findet; wie, wenn man sagt: a ist von b verschieden; und dann würde auch aus jener Erklärung folgen, daß ein Ding von dem andern
ver-

verſchieden ſey), ohne daß wiederum dieſes von
jenem verſchieden ſeyn ſoll. a b iſt von a verſchieden, weil in a b etwas geſetzt wird, (b)
was in a nicht geſetzt wird. Dahingegen wird
in a nichts geſetzt was in a b nicht geſetzt wird.
a müßte alſo von ab nicht verſchieden ſeyn.

Daß Dinge im Begriffe einerlei und dennoch im Objekte verſchieden ſeyn ſollen, findet nur in Anſehung empyriſcher Objekte
Statt, nicht aber in Anſehung der Objekte a
priori, die in der That mit ihren Begriffen einerlei ſind. Eine, als Objekt der Mathematik,
durchgängig beſtimmte Figur läßt keine Verſchiedenheit mehr zu. Die empyriſchen Merkmale (des Ortes u. d. gl.) die noch hinzukommen können, ſtehen gar nicht mit dergleichen
Objekten im Verhältniß von Beſtimmungen
und Beſtimmbaren, daß ſie einen Grund
der Verſchiedenheit abgeben ſollten.

Einſtimmung und Widerſtreit. Gedachte Realitäten ſind nichts anders als Verbindungen des Mannigfaltigen in einer konſtitutiven Einheit des Bewußtſeyns. Das
Mannigfaltige an ſich iſt keine gedachte ſondern bloß gegebene Realität. Eine Verbindung kann zwar einer andern Verbindung entgegengeſetzt ſeyn, z. B. ein Zirkel iſt einem
Dreiecke entgegengeſetzt, ſie können nicht beide
in einer konſtitutiven Einheit des Bewußtſeyns

Q 3 eines

eines einzigen Objekts verbunden werden. Aber hier ist in der That nicht die eine Verbindung der andern, sondern ein Merkmal der einen Verbindung einem Merkmale der andern entgegengesetzt. An sich sind Zirkel und Dreieck so wenig zur Hervorbringung eines dreieckigten Zirkels, als Objekt, einstimmig, als daß sie einander widerstreiten; denn indem jede dieser Figuren, als Objekt, an sich möglich ist, so stehen sie gar nicht in dem, zur Einstimmung oder Widerstreit erforderlichen, Verhältniß von Bestimmbaren und Bestimmung.

Es können aber dann mehrere gedachte Realitäten in einer Einheit des Bewußtseyns zur Hervorbringung eines, alle diese Realitäten enthaltenden, Objekts verbunden werden. Dieses geschieht, wenn durch mehrere subordinirte Merkmale, mehrere Verhältnisse von Bestimmung und Bestimmbaren in einem einzigen Objekt gedacht werden. In dem Begriffe eines rechtwinklichten Dreieck z. B. sind drei gedachte Realitäten enthalten. 1) Verbindung von Raum, als das Bestimmbare mit Schranken, als seine Bestimmung in dem Begriff von Figur. 2) Verbindung von Schranken überhaupt als das Bestimmbare mit drei Linien, als dessen Bestimmung. 3) Verbindung von drei Linien als das letzte Bestimmbare mit der perpen‡

perpendikulären Lage zweier derselben gegen ein=
ander, wodurch das Rechtwinklichtseyn be=
stimmt wird.

Von den gedachten Realitäten gilt also
allerdings der Satz, daß sie einander nicht wi=
derstreiten können. Denn als koordinirte
Merkmale sind sie so wenig einstimmig, als
daß sie einander widerstreiten: als subordinirte
aber sind sie nothwendig in dem dadurch ge=
dachten Objekt einstimmig.

Innere und Aeußere. Dieser Unter=
schied findet in den Objekten a priori allerdings
Statt. Die Objekte der Mathematik mögen
selbst Verhältnisse seyn, so ist doch immer ein
Unterschied, ob ich sie als Verhältnisse oder
als Objekte an sich betrachten will. Eben so
wie dieser Unterschied zwischen Urtheil und Be=
griff statt findet. Denn obschon ein Begriff
nichts anders als ein gedachtes Urtheil über
das Verhältniß eines gegebenen Mannigfalti=
gen zur Einheit des Bewußtseyns ist, so wird
doch der Begriff als wäre er ein gegebenes Ob=
jekt an sich betrachtet, wenn über sein Verhält=
niß, als Bestandtheil eines Mannigfaltigen,
zur Einheit des Bewußtseyns geurtheilt werden
soll. Man kann das Verhältniß der irrazio=
nellen Größen bestimmen ohne von ihnen, als
Objekte an sich, den mindesten Begriff zu
haben.

Q 4   Ma=

Materie und Form. Ich nehme diese Ausdrücke (und, wie ich glaube, mit mehr Rücksicht auf den philosophischen Sprachgebrauch) in umgekehrter Bedeutung, als die kritische Philosophie. Nach mir ist Materie das Bestimmbare mehreren Objekten Gemeinschaftliche und Form die Bestimmung im Objekte. Die Materie geht also der Form allerdings voraus, indem die Bestimmung ohne das Bestimmbare nicht gedacht werden kann. Nach der kritischen Philosophie ist es gerade umgekehrt. Form ist die Bedingung von der Möglichkeit der Materie. In einer mathematischen Figur z. B. ist nach mir die Vorstellung von Raum überhaupt die Materie, und die besondere Bestimmung des Raums in der gegebenen Figur die Form derselben. Die Materie muß also der Form vorausgesetzt werden. Nach der kritischen Philosophie hingegen ist Raum die Form oder die transzendentale Bedingung einer jeden mathematischen Figur überhaupt. Die besondere Bestimmung des Raumes aber ist das, wodurch die gedachte Form sich auf ein reelles Objekt bezieht. So sind nach mir die als außer einander gegebenen empyrischen Objekte nichts anders als Raum durch empyrische Merkmale bestimmt. Raum ist also die Materie, das Bestimmbare, und die Merkmale der ihn einnehmenden empyrischen

rischen

rischen Objekte die Form oder die besondere Be=
stimmung des Raumes. Nach der kritischen
Philosophie ist es umgekehrt. Raum ist die
Form oder die transzendentale Bedingung der
außer einander gegebenen empyrischen Objekte;
diese selbst aber machen den der äußeren An=
schauung zum Grund liegenden Stoff aus.

Da aber die kritische Philosophie diesen
Ausdrücken einmal diese Bedeutung gegeben
hat, so werde ich mich (um keine Verwirrung
zu veranlassen) dieser Ausdrücke gänzlich ent=
halten, und anstatt Materie und Form lieber
das Bestimmbare und die Bestimmung ge=
brauchen.

VIII.

Ueber das Denken überhaupt.

Man theilt das Denken in reines und
reelles, symbolisches und intuitives, ab=
straktes und konkretes Denken. Es ver=
lohnt also die Mühe die Bestimmung und den
Werth einer jeden dieser Arten des Denkens,
und ihr Verhältniß zu einander so wohl in
Beziehung auf das Vermögen als auf die Ob=
jekte des Denkens zu bestimmen.

1) Reines und reelles Denken. Rein
kann zweierlei Bedeutungen haben. Erstlich

kann

das Denken rein seyn, wenn nichts, in Ansehung des Objekts, fremdartiges darin gemengt wird. In dieser Rücksicht ist z. B. die Physik bisher nicht rein behandelt worden, indem man dar, inn Sätze der Kosmologie, Astronomie, Optik u. s. w. nicht bloß als Lehnsätze, sondern als wären sie Bestandtheile der Physik, eingemengt hat.

Zweitens ist das Denken rein, wenn es nur sich selbst, seine eigene Gesetze, und was dadurch allein in jedem gegebenen Objekte bestimmt wird, zum Gegenstand hat. In diesem Sinne ist eine Erkenntnißart um desto reiner je unbestimmter ihr Objekt ist. Die Logik die das Denken eines ganz unbestimmten Objekts überhaupt zum Gegenstande hat, ist im höchsten Grade rein. Die Transzendentalphilosophie die das Denken einer Objekts der möglichen Erfahrung zum Gegenstande hat, ist schon minder rein als die Logik. Die Mathematik die (a priori) bestimmte Objekte zum Gegenstand hat, muß in dieser Rücksicht noch minder rein heißen. Diesen Graden der Reinheit sind die Grade der Allgemeinheit (in Beziehung aufs Objekt) proportionirt. Die Grade der Nothwendigkeit und Allgemeingültigkeit (in Beziehung aufs Subjekt) hingegen sind in allen diesen Erkenntnißarten gleich. Aus dem

dem Satze der Identität folgt, daß alles was vom Allgemeinen gilt, auch von allen darunter begriffenen Besondern gilt. Was also von einem unbestimmten Objekt überhaupt gilt, muß auch von allen bestimmten Objekten ohne Unterschied gelten. Was aber von einem Objekte einer möglichen Erfahrung gilt, kann bloß von allen Objekten der Erfahrung (nicht von bloß durch Verstandsbegriffe gedachte, Dinge an sich, und noch weniger von einem ganz unbestimmten Dinge überhaupt) gelten.

Die Sätze der Mathematik gelten nur von den bestimmten Objekten, worauf sie sich beziehen. Dahingegen, in Beziehung auf jedes denkende Subjekt, sind die Sätze der Mathematik nicht weniger nothwendig und allgemeingültig als die der Transszendentalphilosophie, und diese nicht weniger als die der Logik.

Das reelle Denken ist das Denken eines (a priori oder a posteriori) bestimmten Objekts. Diesem zufolge stehen das reine und das reelle Denken in umgekehrtem Verhältnisse; je bestimmter das Objekt des Denkens ist, um desto reeller ist auch das Denken selbst; und die erwähnten Erkenntnißarten werden also, in dieser Rücksicht in umgekehrter Rangordnung stehen.

Was

Was den Werth dieser Denkungsarten in Verhältniß zu einander betrift, so müssen wir den innern Werth von dem äußeren Werth einer jeden unterscheiden. Der innere Werth des Denkens wird durch sein Verhältniß zum Denkvermögen als dem eigentlichen Subjekt des Denkens; der äußere aber, durch sein Verhältniß zum Subjekt des Denkvermögens (dem Menschen) in sofern es zugleich Subjekt anderer Vermögen ist, bestimmt. Dieser ist wiederum entweder theoretisch oder praktisch.

Der innere Werth kann durch den Grad der Identifizirung des Denkvermögens mit dem gedachten Objekt bestimmt werden. In dieser Rücksicht hat die Logik den höchsten Werth. Ihr Objekt ist ein Produkt des Denkvermögens selbst. Das Denkvermögen bringt so wohl das Mannigfaltige, als die Einheit aus sich selbst hervor. Was aber die Logik am meisten karakterisirt, ist, daß in ihr die analytische Einheit des Selbstbewußtseyns des Subjekts in einem jeden Glied des Mannigfaltigen, und die synthetische Einheit des Bewußtseyns des Mannigfaltigen einerlei ist. Nämlich die Einheit der Identität. Dieses Urtheil z. B.: a b ist a, ist logisch. Um dieses Urtheil zu fällen, muß das Subjekt des Bewußtseyns von a b sich zugleich als Subjekt des Bewußtseyns von a b. h. in beiden Bewußt=

wußtseyn mit sich selbst einerlei denken. Dies ist die analytische Einheit des Selbstbewußtseyns. Ferner muß es ab als mit a einerlei denken. Dies ist die synthetische Einheit (Verbindung mehrerer Vorstellungen in einer Einheit des Bewußtseyns) die aber (da diese Vorstellungen selbst identisch sind) in der That eine analytische Einheit und folglich mit jener einerlei ist.

Die Transzendentalphilosophie vertritt hierinn die erste Stelle nach der Logik. Ihr Objekt (Gegenstand möglicher Erfahrung) ist ein Begriff, und in so fern, Produkt des Denkens. Es weißt aber zugleich auf etwas hin (Objekte der Wahrnehmung) das außer dem Denkvermögen liegt. Die synthetische Einheit des Bewußtseyns des zu verbindenden Mannigfaltigen ist mit der analytischen Einheit des Selbstbewußtseyns des Subjekts nicht völlig einerlei; sie ist auch von derselben nicht völlig verschieden.

Dieser Satz z. B.: In einer jeden möglichen Erfahrung muß etwas vorhergehen, und etwas nach einer Regel darnach folgen, ist transzendental. Das Subjekt und das Prädikat sind nicht identisch (das Vorhergehende ist, als ein solches, mit dem Folgenden nicht einerlei) und doch bestimmen sie sich einander wechselsweise. (Vorhergehen und Folgen sind, sich auf einander beziehende Vorstellungen und setzen ein-

einander wechſelsweiſe (im Bewußtſeyn voraus)
Dieſe Einheit (die Verbindung von Subjekt
und Prädikat) iſt alſo eine analytiſch = ſynthe=
tiſche Einheit und folglich von der Einheit des
Selbſtbewußtſeyns zum Theil verſchieden.

Die Mathematik erhält zwar ihre Objekte
gleichfalls a priori, aber nicht aus dem Denk=
vermögen ſelbſt, ſondern aus der, den Geſetzen
des Denkvermögens gemäß wirkenden produk=
tiven Einbildungskraft. Die ſynthetiſche Ein=
heit des Bewußtſeyns des zu verbindenden
Mannigfaltigen iſt von der analytiſchen Ein=
heit des Selbſtbewußtſeyns völlig verſchieden.
Die Jdentifizirung der gedachten Objekte mit
dem Denkvermögen iſt alſo hier weit geringer
als in jenen Wiſſenſchaften. Da aber die Ob=
jekte dennoch ſowohl in Anſehung ihrer Ma=
terie, als ihrer Form, a priori (ob zwar
nicht aus dem bloßen Denkvermögen) beſtimmt
werden, ſo iſt dieſe Jdentifizirung dennoch
weit größer als in den empyriſchen Wiſſen=
ſchaften, wo in den Objekten vieles zurück
bleibt, das nicht nur im Denkvermögen, ſon=
dern im Bewußtſeyn überhaupt nicht anzutref=
fen iſt.

Der theoretiſche äußere Werth einer Den=
kungsart beruht auf ſein Verhältniß zur Erwei=
terung der Erkenntniß überhaupt. Jn dieſer
Rückſicht wird die Rangordnung unter den er=
wähn=

wähnten Denkungsarten abermal umgekehrt
werden müssen, und die Mathematik den höchsten Rang erhalten. In Ansehung des praktischen Werthes aber, d. h. in Ansehung derjenigen Vortheile einer Denkungsart die wegen
ihres praktischen Gebrauchs vorzüglich sind,
wird man ohnstreitig den Erfahrungswissen-
schaften den höchsten Rang zugestehen müssen.

Das Denken ist anschauend, wenn es
ohne Zeichen; symbolisch, wenn es durch Zeichen bewerkstelligt wird. Hier giebt es aber
folgendes zu unterscheiden:

1) Können die durchs Denken, als Subjekt und Prädikat zu verbindenden Objekte
selbst anschauend, ihre Verbindung aber
symbolisch seyn. Von dieser Art sind alle
zu beweisende Lehrsätze der Mathematik, wo
das Subjekt und Prädikat in den Schluß-
sätzen anschauend, ihre Verbindung aber
symbolisch vorgestellt wird.

2) Kann es auch umgekehrt seyn, daß
nämlich die Verbindung zwischen Subjekt
und Prädikat anschauend, diese selbst aber
symbolisch vorgestellt werden. Von dieser
Art sind die Grundsätze der Identität und des
Widerspruchs.

Ferner kann das Denken durch Zeichen, in
Ansehung gewisser Objekte, von gleichem Umfange mit dem unmittelbaren Denken der Ob-

jekte selbst seyn, und alsdenn sind beide in Ansehung ihres Gebrauchs, gleichgültig. Oder das Denken durch Zeichen ist von größerem Umfange als das unmittelbare Denken der Objekte selbst, oder dieses ist von größerem Umfange als jenes. Es ist z. B. gleichgültig, ob man den Beweis eines geometrischen Satzes auf einen algebraischen reduzirt, oder denselben unmittelbar führt. Ist hingegen der Satz nicht bloß geometrisch, sondern bezieht sich auf Größe überhaupt, so ist hier allerdings die durch diese Redukzion erhaltene symbolische Erkenntniß von größerem Umfange als die unmittelbare Erkenntniß. Dieses ist auch in Ansehung aller mittelbaren Erkenntniß der Fall. Das hingegen in Ansehung der synthetischen Erkenntniß, das unmittelbare anschauende Denken von weit größerem Umfange als das symbolische ist, indem das symbolische Denken keine synthetische Erkenntniß verschaffen kann. In Ansehung der allgemeinen Erkenntniß wird durch die Zeichen von den besondern Bestimmungen der dadurch bezeichneten Objekte, und wiederum durch den Begriff eines Objekts überhaupt von den besondern Zeichen als Objekt betrachtet, abstrahirt. Diese besondere Sätze: ein Dreieck ist mit sich selbst einerlei, ein Zirkel ist mit sich selbst einerlei u. f. w. werden freilich dadurch allgemein, daß man sie durch Zeichen

von

vorstellt: a ist a aber dieser Satz ohne Zeichen, durch den Begriff eines Objekts überhaupt ge= dacht, abstrahirt von dem besondern Zeichen selbst. —

Die Logik als eine analytische Wissenschaft ist sowohl in Ansehung der Objekte, als ihrer Verbindung symbolisch. Sie bedient sich der Zeichen nicht zur Allgemeinmachung, sondern bloß zur Mittheilung der Erkenntniß. Ihre Zeichen sind mit den Zählezeichen zu verglei= chen, die jede Nation in ihre Sprache übersetzt.

Verbesserungen.

Seite 6 Zeile 5 allgemeine l. allgemeinen.
— — — 15 allgemeine l. allgemeinen.
— 22 — 5 v. u. vom Dinge l. von Dingen.
— 48 — 3 v. o. allgemeine l. allgemeinen.
— 52 — 12 eher l. anders.
— — — 13 nicht durch l. durch.
— 63 — 1 ihrem l. ihren.
— 68 — 11 v. u. Entgegengesetzte l. Entgegengesetzten.
— 71 — 2 nach mehr l. ist.
— 72 — 8 Bestimmun l. Bestimmung.
— 74 — 7 v. u. Gesunheit l. Gesundheit.
— 97 — 3 Präpodevtik l. Propädevtik.
— 99 — 5 v. u. das l. des.
— 100 — 12 überhaupt aber l. überhaupt; aber.
— 101 — 5 verbinden habe l. verbinden, habe.
— — — 6 konnte l. könnte.
— 105 — 8 v. u. nach demselben l. den Unterschied = o.
— 106 — 4 d. h. l. z. B.
— 113 — 1 dieses l. diese.
— — — 6 v. u. anstatt ist die Differentia specifica l. fügt die Differentia specifica hinzu.
— 115 — 1 vor Zehner l. die Einheiten der
— 127 — 10 v. u. anstatt die Idee in l. die Methode.
— 129 — 10 Präpodevtik l. Propädevtik.
— — — 16 Ganzes l. Ganze.
— 137 — 3 wahr l. recht.
— — — 10 v. u. bestimmtes l. bestimmteres.